刑事法再入門

前田朗

Maeda Akira,
Re-introduction to the Criminal Law.

インパクト出版会

第一章　変貌する刑事法世界　4
第1節　現代市民社会と監視権力　警察国家への道／監視密告社会／ライアンの「身体」／他者への応答責任へ／自由管理社会／抵抗の可能性／〈闘う市民社会〉／監視濃度の臨界
第2節　現代「市民法」論の射程　現代市民社会への挑戦／理論編／実践編／「市民法」への視座
第二章　拷問を根絶するために　34
第1節　人権委員会拷問問題報告書　ファン・ボーヴェン報告書／緊急アピール／個別申立ての通知／NGO発言／二〇〇四年報告書／ラフリン事件／ベフキン事件／アーマド事件／特別報告者への情報提供
第2節　代用監獄批判の理論と実践　未決拘禁とは／身体不拘束の原則／刑事法研究者の意見／裁判抜き自由刑
第3節　人権小委員会の刑事法決議　日本NGO発言／刑事法関連決議／前科者に対する差別／死刑事件での移送／その他の決定／二〇〇四年決議／刑事司法と戦争犯罪／法執行に関する決定／人権侵害と補償
第4節　刑事人権法専門家マニュアル　専門家マニュアル／国際刑事人権論の概要／人権と逮捕／不法逮捕拘禁／拘禁と手続き
第5節　拷問等禁止条約選択議定書　選択議定書採択／採択に至る経過／基本原則／防止小委員会／防止小委員会の任務／国内防止機関／議定書採択／日本は棄権
第三章　刑事施設における人権　90
第1節　刑事施設改革の行方　名古屋刑務所事件／改革の経過／刑事施設法
第2節　〈資本主義刑罰〉――民営化と人権　近代自由刑の発展?／〈監産複合体〉／処遇環境の悪化／民営化の悪影響／日本のPFI構想
第3節　刑事施設の将来をめぐって　小さな刑事司法／大きすぎる刑事司法／市民による刑事政策／判決改革の必要性／市民的監視／刑事司法改革／市民による監視とは

第四章　死刑廃止を求めて　125
第1節　一九九〇年代の状況
第2節　国際法に関する新学説
第3節　国際人権法の現在　一　死刑廃止条約の状況／二　死刑廃止条約の時代へ／三　戦時死刑廃止議定書／四　国際人道法の発展
第4節　国連総会
第5節　国連人権委員会　一　二〇〇二年決議／二　二〇〇三年決議／三　二〇〇四年決議／四　二〇〇五年決議／五　恣意的処刑に関する特別報告書／六　国連人権小委員会
第6節　国際機関
第7節　各国の動き
第8節　生命権と死刑
第9節　死刑廃止のための戦略　医師と死刑／宗教と死刑／執行ミス／廃止に向けて／リトアニアの旅
第10節　日本の議論
第五章　刑事法の近代と現代　192
第1節　近代刑法史研究の課題　刑法と民主主義／研究史の総括／近代刑法の実像／民主主義刑法学／因果論と侵害原理／危険社会と刑法／訴追理念の研究／再構成の試み
第2節　近代刑事法の一断面――クライトマイアの刑事立法　啓蒙刑法研究／啓蒙の里程標／地殻変動／伝統と啓蒙の間／刑事法典の構成／刑事法典の特徴
第3節　現代刑法学の課題と方法　過剰と欠乏／解釈方法論／実践の解釈／国際人権の波／国際人権の国内実践／国際人権の隘路
あとがき　237

第一章　変貌する刑事法世界

刑事法の風景が激変している。凶悪犯罪キャンペーンを背景に続々と刑事立法が進められ、テロの恐怖や市民生活の安全の名の下に、市民的自由が窒息状態になりつつある。ビラ貼り・ビラ配りに対する逮捕・勾留、さらには有罪判決など、警察・検察・裁判所一体となった弾圧は常軌を逸している。立法においても判決においても重罰化が進められ、死刑判決も増加している。テロ対策や政治的自由の制限だけではない。危険運転致死傷罪など道路交通法改正を見ても、監視と抑圧が前面に出てきている。しかも、犯罪対策にも事故防止にも役立っていない。重罰化だけが進む。刑事法の地殻変動はいったい何に基づいているのであろうか。

第1節　現代市民社会と監視権力

警察国家への道

「共謀罪」を盛り込んだ組織的犯罪処罰法等改正案は、二〇〇二年法制審議会答申、二〇〇三年国会廃案、二〇〇五年通常国会廃案に続いて、二〇〇五年一〇月四日の閣議決定により特別国会に上程された。総選挙の結果、与党が圧勝し野党が大幅に議席を減らしたため、一気に成立してしまうおそれも指摘されたが、市民の機敏な活動により「継続審議」となった。二〇〇六年通常国会に再上程されたが、やはり継続審議となった。さらに、二〇〇六年臨時国会においても継続審議となった。[1]

中山研一は、それまでの国会審議の経過を検討した上で、共謀罪法案が近代刑法の基本原則を掘り崩すものであり、拡大と濫用の危険を否定することはできないとする。[2]

宮本弘典も「現行の政治支配への合意と忠誠を強要する権力テクノロジーにほかならない」と見る。[3]

九〇年代以降の相次ぐ刑事立法によって、すでに過激なまでに市民に対する監視を強化済みであるのに、治安官僚は共謀罪を断念したわけではない。共謀罪に象徴される現代治安立法の本質をさらに解析して行く必要がある。

足立昌勝監修『共謀罪と治安管理社会』は、共謀罪批判の視点を「超監視社会」「警察国家への道」として提示している。[4]

第一章「Q＆A共謀罪とは何か」は「情報操作は政治を腐敗させる」「共謀罪を新設することは、近代以降築き上げてきた遺産を放棄し、反テロ戦争なる魑魅魍魎の世界に足を大きく踏み入れることです」と説き起こし、「冗談も言えない共謀罪、団体活動つぶしの共謀罪、警察に管理された密告社会をつくりだす共謀罪」の特質を解説している。第二章「『治安』という魔術」では、「犯罪は本当に増えているのか？」として、犯罪統計を見直し「犯罪不安と厳罰化の悪循環」を指摘する。「進む警察国家」では、一九九四年警察法改正や地方自治体における生活安全条例、ピッキング防止法、緊急治安対策プログラム、テロ防止行動計画とエスカレートしてきた警察国家を批判する。「超危険な国際的組織犯罪条約」では、民衆活動を弾圧するための偽装としての条約を批判する。第三章「警察国家のグローバル化」では、共謀罪新設を戦後治安法の変遷史に位置づけ、「危機感の醸成と現代型犯罪の創出」を析出し、「改憲と有事法制」の文脈につなげ、包括的反テロ法制との連関も視野に入れる。

こうして国内的背景としての警察権限のますますの拡充、犯罪増加キャンペーン、生活安全をテコとする厳罰要求、さらなる警察権力の拡充と迅速果断な処罰を可能にする司法改革の構図が明らかにされる。同時に国際的背景としての越境組織犯罪対策条約や包括的テロ法制の問題点も示される。共謀罪と反テロ法制の検討は「日本においても一連の共謀罪立法、テロ対策法制が整備されるならば、不明確なテロ犯罪を根拠に捜査が行われ、共謀罪規定によって思想が処罰され、密告が奨励される日がやってくることになるかもしれない。また、包括的反テロ法制は、かつての治安維持法等の治安法規がそうであったように、テロリストとレッテルを貼ることで、現体制に異議申し立てを行う者を容易にあぶり出し、社会的に排除する機能をもつことになるだろう」(藤井剛)と指摘する。第四章「治安法反対闘争一〇年の苦闘から」では、破防法・組対法反対「共同行動」の闘いの経過を振りかえり、その都度の攻防の接点を浮かび上がらせ、戦争国家化と高度管理社会化をめぐる「セキュリティ」の現在を問う。

監視密告社会

斉藤貴男・沢田竜夫編『「治安国家」拒否宣言』も、共謀罪法案が想定する国家と社会がいかに危険なものであるかを告発する。(5)

共謀罪は全国民に網をかける仕組みであり、住民基本台帳ネットワーク(国民総背番号制)、盗聴法、監視カメラ網、生活安全条例などの規制の延長であり総まとめとしての意味を持つと位置づけられる。「共謀罪と盗聴法」「青少年保護からはじまるメディア規制」「遺伝子・健康情報が管理される未来――健康増進法とその周辺」といった報告は、「治安国家」づくりの諸規制が、それぞれ別に、しかし同型的に市民の意識と生活を規制し、社会の同質化と権力への服従を調達する手段であることを示す。「抵抗の途上から」と題してまとめられた諸報告は、路上での野宿者――生活条件と社会的関係性を奪われた野宿者の排除への抵抗、労働争議での逮捕など、時代の節目に集中する刑事弾圧に対する抵抗、戦争に協力しないための反戦平和運動を描き出す。治安国家を拒否するため、個としての闘いと、連帯の闘いの双方を緊急に結びつけなければならないことを強く示唆している。「これでは追及しないわけにはいかない。自称ジャーナリストだから、ではない。国家の奴隷などではない、魂を持った一人の人間として立ち上がらざるをえなかった」とし「人間、何ものかの奴隷になってしまったらお終い」(斉藤貴男)なのだから、と。他人を貶めないことでせめて自分の尊厳を保持することとさえ、それなりの自覚がなければ困難な状況が生まれつつあるかのようだ。

その闘いを支える刑法思想は、「『安全』の確信は、社会成員に対して秩序と支配への絶えざる忠誠を求め、マージナル化や抑圧、さらには殲滅の対象とされぬためにも、成員は沈黙を超えて忠誠を示さねばならない」としつつ、「刑法は『敵』に対する正義の暴力として自らの正統化を求める。しかしその実相は、『友／敵』原理を貫徹する権力的な政治支配のテクノロジーであり、『抑圧と排除・差別と賤視』を手段としつつ、市民の合意を強制し調達するための究極的な暴力装置である。『共謀罪』は、『社会の安全』を盾として、刑法のこのような性質をあからさまに貫徹しようとするものであり、『合意の強制』のテクノロジーとしての刑法の全面的・日常的機能化をもたらす」（宮本弘典）とまとめられる。[6]

共謀罪の思想に対する批判には十分頷けるが、それではなぜ現在、これらの治安国家化が追求されているのであろうか。すでに十分すぎるほど警察国家が聳えているのではないか。批判的ジャーナリズムも壊滅状態、「知識人」は死語となり、「野党」が官僚にエールを送る総与党体制が実現している現在、なぜこれほど堅固なセキュリティが求められるのか。「警察国家」「監視国家」「監視社会」「管理社会」「超監視国家」「超監視社会」といった特質はどのような関係にあるのだろうか。

ライアンの「身体」

近代における自由・平等・独立の主体としての市民の形成を、その身体・意識・視覚を通じた「規律と監視」のメカニズム作動による権力問題として捉え返したミシェル・フーコーの権力論は、人間主体を波打ち際の砂のように消失させた[7]。主体なき後のシステムが語られるのはここからである。

とはいえ現実の市民社会においては多元的多層的な市民主体が活きいきと活躍しているし、資本と国家権力は無理やりにでも「主体」を立ち上げ、作動させるシステムを配備している。主体なき後のシステムに制御された「主体」がコンピュータ・ネットワークを駆け巡る。そこでフーコーを反復しても、主体なきフーコーが「主体」を簒奪する欺瞞の体系が屹立するに過ぎないのに、思想なき「現代思想」が宙空を漫歩する。ここから身を引き離す努力が必要となる。

近現代の監視を解読し続けるデイヴィッド・ライアンは「都市内監視のための街頭カメラの発展、電子商取引に用いられる個人データ・ネットワークのワールドワイドウェブ、さらに、身体の部位やコードを身元特定情報やデータとして用いる遺伝的・バイオメトリクス的監視手法、いずれのテクノロジーも、行為する人間主体と社会的組織・構造を包含したネットワークに結びついている。各々のネットワークについて、監視への個別的な寄与を解明しなければならないが、各々がまた、一つの全体としても解読されねばならない」として「消失する身体の問題」を監視社会理解のアルファと位置づける[8]。

コンピュータについて語らなかったフーコーの「パノプティコン」はコンピュータ・ネット

ワークによって完成の域に高められた。時間と空間を再編成しテクノロジーと社会を組み替える監視は、具体的には労働者や消費者への監視・把捉を通じて社会に拡大しながら、地球規模から、都市へ、そして身体へと侵入していく。「かつて監視は諸々の容器――最初は城壁を巡らした都市、続いて資本主義の職場や、そして、国民国家――の中に納まっていたが、それに対して、グローバル化は、監視が無差別に境界を横断していく過程の一つの現れである」。それだけではない。「監視はいまや過去の動きを追跡するだけでなく、未来の流れを先取りしようとしている。各国政府は新たな手法を用いて、観光客・ビジネス客・移民が絶えず横断する国境の取り締まりを自動化している。経営者は、地方工場の労働者をリアルタイムで監督する。マーケティング企業は、いかなる商機も見逃さないよう、顧客を追いかける。監視戦略は、グローバル化する情況に合わせて再強化される」。国境管理からDNA管理に至る監視のグローバル化／ミクロ化によって現代社会が成立していると見るライアンは、監視への抵抗の困難を分析した後に、抵抗の可能性として「個人の再-身体化」「生身の個人への回帰」を示唆する。

他者への応答責任へ

九・一一事件以後の監視の変化を分析したライアンは「九・一一を、監視社会内部の社会的、政治的変化を理解するためのプリズムとして考えたい。既存の監視実践は強化されており、どれほど深く、あるいは広く監視の眼差しが精査しうるのかということについて、以前からある限界はなくなろうとしている。データ保護担当官、プライヴァシー監視機関、公民権グループ、その他の人々が監視のネガティヴな社会的効果を緩和しようと努めて数十年たつが、私たちはますます排他的かつ立ち入った監視実践に向かう辛辣な流れのなかにいる」とする。(9)この比喩には説得力がある。

ライアンは九・一一によって監視社会に段階的な変化が生じたとは見ていない。それ以前から張り巡らされてきた監視が九・一一以後に加速度的に広がっているとする。市民的自由を規制し管理を推し進める新しい法と政策は「疑いの文化」と特徴づけられる。テロリスト発見と狩り出しに向けられた疑いの文化が蔓延することで萎縮的風潮が広まり、市民社会に秘密主義の文化を作り出す。「市民」は単に監視の対象であるだけではなく、監視の「主体」として動員される。監視はシステム化し、自動化している。比喩を手がかりに、さらに理論化が求められる。

今日の特徴はこれらの監視の統合にある。ライアンによれば「さまざまな監視――警察、諜報、消費者――が一つに収斂し統合されていくことは、それ自体探求するに値する。皮肉なことに、監視の収斂は、検索可能なデータベースの出現とその広範な普及に過度に依存しているが、これは決して技術的なレベルにたとえることができるものではない。このようなコンピュータシステムが用いられることで、かなり強制的な警察の監視が可能になる。同時にまた、巨大企業の商用、市場戦略も監視できるようになっている。しかしシステムそのものは、使用機会や利用方法を決定している経済的、政治的、文化的勢力によって社会的に形成されている」。九・一一の衝撃による影響の大きかった空港監視に即して監視のグローバル化を分析したライアンは、商用監視と国家的監視の二重監視の機能と、その矛盾を指摘する。

その上で、ライアンは監視への抵抗に説き及ぶ。九・一一以来、多くの機関や団体が監視に異議を唱えて熱心に取り組んでいる。恐怖と不安の風潮のなか、市民的自由やプライヴァシーを掲げて監視実践に対して抗議している。「テクノロジーによってネットワーク化された遠隔操作が可能になっているが、同時にそれに抗議する人々も何よりインターネットを使ってコミュニケーションをとっている」。パブリックな空間を開く運動は、閉ざされた回路を逆用しながら進められている。その抵抗の思想を、ライアンは、「しかるべき倫理は〈他者〉の声に耳を傾けることから始まる。そして社会的配慮は、〈他者〉を疑うことではなく、受け入れることから始まる。しかしながらこのような倫理は文化の真空状態のなかには存在しない。望ましい世界のヴィジョンを共有した土壌において若芽のように成長するものなのである。だが、このようなヴィジョンは、マスメディアが歴史を軽視し、現在を守ることで政治家が手一杯になっている今日、希薄になっているようだ。平和とセキュリティを生み出す試みは、恐怖が拡大し希望が縮減した世界のなかで約束を履行することはなくなった」と帰結する。

個人の再‐身体化を通じて〈他者〉への「応答責任」を果たすことこそ来るべき未来への手がかりとするが、その展望をライアンは描けていない。

自由管理社会

現代社会や現代思想の特質を表現する用語として一時期流行した「ポストモダン」は今では忘れ去られようとしているかに見える。ポストモダンを喧伝した論者自身、もはやこの用語を用いていない例が少なくない。九〇年代以後の世界はグローバリゼーションや〈帝国〉といったキーワードによって語られ、ポストモダンは流行遅れとなったかのようである。ポストモダンの参照枠組みにはまだまだ有効性があるとしても、「日本版ポストモダン」は思想と縁のない、にわかブームにすぎなかったように思われる。

ところが、岡本裕一朗は「ポストモダンは終わったのではなく、新たな段階に至ったのだ。流行も終わりかけた九〇年代には、ポストモダンのもう一つの側面が、明確な形をとって現れ始めた。それをドゥルーズは、『管理社会』として予言的に語っている。人々の自由な『差異の戯れ』を肯定しつつ、その上で瞬時に支配する『管理社会』が、ポストモダンの新たな形態である。差異化や分裂性を素朴に提唱する段階はとっくに過ぎ去った。いまでは、それらを効率的に管理して、社会的な秩序が維持されていくからだ。情報通信テクノロジーの進展と連動しながら、『自由な管理』が飛躍的に強化されている。この意味でのポストモダンは、十分に理解されているのだろうか」と問いを立て、「九・一一」がポストモダンの第二段階の本格的な始まりを示すものと位置づけている。(10)

七〇年代以後のポストモダンが「九・一一」で新しい段階に入ったとするのだが、岡本は「差異のポストモダン」から「管理のポストモダン」への移行と特徴づける。「ポストモダンの流行とは何だったのか」として、岡本は「大きな物語が終わった」時代のポストモダン流行の必然性とその論理を描きつつ、新たな段階においては有効性が失われたと見る。「差異の政治」と称しても、「階層秩序が崩壊した現代世界（ポストモダン状況）では、まったく有効ではない」。

そこで岡本は、ポストモダンの段階移行をていねいに論証する。まずモダンとポストモダンを区別するために規律社会と管理社会を対照する。その上で、ポストモダンな「管理社会」を、これまでの管理社会論から区別して「自由管理社会」と名づける。オーウェルやハックスリーなどのディストピア小説[11]を素材とした従来の理論は「統制管理社会」として括られる。さらに冷戦後の歴史的なポストモダンにおける管理の様相を解明するために、リベラリズムとデモクラシーをめぐる言説を分析し、「歴史の終わり」を再検証する。最後にアントニオ・ネグリとマイケル・ハートの『〈帝国〉』[12]や、ミシェル・フーコーとジル・ドゥルーズの対決に学びながら、管理社会への抵抗の可能性を探っている[13]。

それでは自由管理社会とは何か。岡本によれば「ポストモダンな管理社会は自由管理社会である。個々人の自由な欲望には寛容であり、開放環境における自由な活動を容認する。こうした自由をいったん前提した上で、人々を全体として最も効率的に管理するのだ。ポストモダン社会では、自由と管理は矛盾したものではなく、相補的であると考えていい」とされる。

抵抗の可能性

自由管理社会がとりわけ「九・一一」以後に岐路に立っているとして「ポストモダンはどこへ行くのか」と問う岡本は、ネグリとハートの『〈帝国〉』の「ポストモダンでグローバルな帝国」分析の意義を評価しつつ、その限界を探る。というのも、ネグリとハートの〈帝国〉概念自体、すでに指摘されてきたように、あいまいである。情報ネットワークを〈帝国〉と称したところで、闘争の対象も主体も確定できない。それに呼応して「マルチチュード」概念もあいまいで、具体的な規定が十分なされていない。その上、反革命的な〈帝国〉と革命的なマルチチュードという二元的対立では、ポストモダンの問題状況を把握できない。最初から革命的と前提されているマルチチュードは、反革命に転化することは想定されていない。(14)

しかし、ポストモダンの問題状況は、二元的な対立ではなく相互の移行にある。岡本によれば「『マルチチュード』はなぜ反革命的になり、〈帝国〉を支えるようになるのか。また、〈帝国〉を支える人々を、どのように革命的な『マルチチュード』へと作りかえることができるのか」こそ問題である。これはウィルヘルム・ライヒの、人々がみずからすすんでファシズムを欲求するのはなぜかという問いであり、ドゥルーズとガタリの「欲望のパラドックス」である。「権力関係からいかにして離脱できるか」というフーコー的問題も同じである。自由と管理を二元的に考えるのではなく、両者の移行や絡み合いを問わなければならない。フーコーやドゥルーズが直面し、格闘してきた問題を、ネグリとハートは素通りしてしまった。「どこにもない場所」である〈帝国〉のロジックとレトリックは、「帝国」と〈帝国〉の狭間で現実世界の問題から眼をそらす働きをしてしまう。

もっとも岡本によれば、フーコーの権力論にしても、ドゥルーズの「コード」や「襞」にしても、自由管理社会の問題を的確に把握し、これと格闘したとはいえ、自由管理社会への抵抗の道筋を明快に示したわけではない。「九・一一」以後、テロとの戦いの名において統制管理社会への変容も生じつつある現在、統制ではなく自由の拡大を求めるにはどうすればいいのか。「管理社会の深層に光を当て、人々に隠された管理社会の構造を顕在化することによって『管理社会における自由』が可能になる」とする岡本は、統制管理社会と「管理自由社会」の岐路に立つポストモダンの第二段階を問い続ける。

テロ規制、生活安全条例、住基ネット、監視カメラ網……と、すでに十分すぎるほど警察国家が聳えているように見える日本において、なぜ続々と治安国家化を追求する立法提案が登場するのか。なぜこれほど堅固なセキュリティが求められるのか。岡本に倣って言えば、現代日本の市民社会はなぜみずからすすんで管理されることを欲求するのか。国家が上から管理しようとするだけではなく、市民社会が管理されることを欲求し、相互監視を求めている現在をどう読み解けばいいのだろうか。

〈闘う市民社会〉

近年の矢継ぎ早の刑事立法や監視システムの構築が戦争国家の有事法制・国民保護法制、つまり国民総動員体制に向けられた治安再編であることは繰り返し指摘されてきた。ここでの問いは、そうした治安再編が現代市民社会の特質をどのように反映しているのか、また逆に、市民社会にいかなる変質をもたらすものなのかである。

監視や管理をめぐるフーコー、ドゥルーズ、ライアンや岡本裕一朗の立論は、国家による治安の論理と市民社会における治安の論理の交錯する磁場を確認するものであった。とはいえ近代国家の治安と現在の治安の論理との同質性と異質性は解明されていない。

治安法に関しては、古典的典型的な治安法（たとえば治安維持法、破壊活動防止法）、本来は治安法でないとしても治安法として活用される機能的治安法に加えて、市民の日常生活のレベルから要請される市民的治安法（ぽい捨て条例、生活安全条例など）が織り成す法規制の解明が刑法学によって進められてきた。国家刑罰権という暴力装置を主軸にした治安の論理は比較的見えやすい。

他方、刑罰ほどの実力強制によらない監視システム（監視カメラ、住基ネット、各種の情報管理など）の研究も進んでいる。[15] 両者を総合することで、治安管理と監視のシステム自体は把握できる。

そして、有事法制・国民保護法制の構築を根底に据え直すことによって、戦争国家の治安政策の相貌が具体的に見えてくる。グローバリゼーションの展開を支えるアメリカの軍事戦略に呼応しつつ、日本資本主義の必要性にも応えるために追求されている東アジアの軍事的再編（米軍基地再編、自衛隊の自衛軍化）こそ起動力となっていることは言うまでもない。

すでに長い間、日本の軍事費は、米ロに次いで中英仏などと第三位争いを続けている。自衛隊員数は世界第二〇位である。[16] 予算・人員・装備の面ではまぎれもない軍事大国と化しつつある日本だが、戦争する国家となるためには、自衛隊の活動に対する法的規制と社会意識による控制を取り払う必要がある。前者は有事法制に続く明文改憲策動として政治日程にのぼっている。後者は危機をあおり、ナショナリズムを蔓延させることによって、日本社会の平和意識を揺さぶり、人々を戦時体制に組み込む形で進行している。

そこでは市民は単に操作の対象ではなく、いっそうの監視を求める主体として登場している。「構造改革」による階層分化が進み、競争と脱落の狭間で、外からの不安（武力攻撃）と中からの不安（犯罪）が煽られる。市民社会の腐食に気づき始めた市民は、しかし、「守られるべき主体」として過剰同調することによって〈闘う市民社会〉を形成してゆく。[17]「友／敵」理論の喜劇的再現でもある。[18]

しかし、喜劇としての「友／敵」理論の擬似フィルターをくぐった後の、戦争国家の総動員体制に支えられた自由管理社会とは何か。自由管理社会の住人であるためには、すでに選別を乗り越えていなくてはならない。自由管理社会からはみ出したり、内側から脅かすおそれのない者だけが自由管理社会の住人たることを保障されている。「排除」の後の自由管理社会である。換言すれば、根本的矛盾を隠蔽した後に、微細な矛盾を順送りに解決していく市民社会の戯れをいかに演じるかが焦点となる。

監視濃度の臨界

かくして排除と強制と同調の〈闘う市民社会〉は、いっそうの監視権力を作動させる。監視したがる市民と監視されたがる市民の同質性の上に、国家による監視と「国際協力」による監視が聳え立つ。地球規模から地域まで、宇宙レベルからＤＮＡレベルまで、多元的、多層的に混在し、コンピュータ・ネットワークを駆使した監視システムが覆い尽くす「安心」の世界。

果たしてこのような過剰な監視システムは長続きするのか。人間個人の身体と意識は過剰な監視システムに耐えられるのだろうか。ネットワークの彼方に消失したまま息を潜めてやり過ごせばどうにかなるのだろうか。比喩的な言い方であるが、水溶液の濃度に限界があるように、〈監視濃度〉にも臨界点があるのではないか。徐々に濃密な監視に晒されるようになってきた耐性ある身体と、監視濃度の高度化に耐え切れない身体とがあるのではないか。

生まれたときから、否、それどころか生まれる以前からコンピュータ監視システムやＤＮＡ監視に晒され、携帯電話等の機器に依存し、場合によってはＩＣチップを埋め込まれ、電子監視網の住人となる子どもたちの内的宇宙は、従来想定されてきた近代市民の意識の限界を超えていないだろうか。監視濃度の臨界点に達したとき、子どもは「壊れる」のではないか。そうした社会自身が壊れた社会ではないのか。

ライアンや岡本の分析は、壊れる前に抵抗の可能性を探る、その地点まで到達していた。監視社会との闘いが、その現実的基盤である現代帝国主義の変革なしに可能性がないとしても、「大きな物語」に期待を託すのでは運動の論理も構築できない。プロレタリアートや、フェミニズムの女性や、ネグリとハートのマルチチュードの可能性に期待しつつも、今、目の前で進行している監視権力の現点での様々な抵抗を織り成していかなければならないだろう。

その意味で「大きな物語」ではなく「小さな物語」に定位しつつ、少なくとも監視権力の運動に抗う途をいかにして切り拓いていくのか。それは差異と戯れたり、逃走したり、言説のみに立て籠ることではなく、監視権力に内在する矛盾を突き破り拡大していく実践でなければならない。現代市民社会が抱え込んでいる現実の分析から抵抗の筋道を探るには、主体の再構築が求められる。闘う市民社会の主体ではない、来るべき主体は当面は「非国民」としか称しようがないが、現代日本の「非国民」とは何なのか。国家に身を重ねることで自己確証する市民ではなく、あらかじめ自由管理社会から排除された市民や、その存在は国家に囚われているとしても、容易に国境を越えられないとしても、そこから身を引き剥がそうと試みている市民のことである。もともと非国民の処遇しか受けていないのに、そのことに気づいていないすべての市民に可能性が開かれている。ここで「非国民」と称しているのは、既存の法学や政治学におけるタームではなく、現実に「非国民」になるしかない「市民」や「民衆」のことである。[19]

第2節　現代「市民法」論の射程

現代市民社会への挑戦

現代日本法を総体としてどのように把握するかをめぐって、現代法論争以来の三十年を越える理論的蓄積がある。

しかし、ここ十年来の世界の構造変化や日本の状況を踏まえると、かつての国家独占資本主義法論、法体系二元論、社会法視座論や、現代市民法論の成果だけでは収まりきれない要因が指摘されてきた。その過程で、法の民主的変革をめぐる論争、現代市民法をめぐる対抗の見直し、グローバリゼーションと法の連関などが問われてきた。

二一世紀に入って、現象的にはとりわけ「九・一一」以後の世界と日本を照射する法理論の構築が求められている。その手がかりの一つは〈「新」帝国主義法論〉〈「現代」帝国主義法論〉として提示され得るが、多面的で、多様な矛盾を抱える現代法を変革する担い手としての市民の側からの法理論と法運動も必要とされている。石塚伸一編著『現代「市民法」論と新しい市民運動』は、そうした課題への魅力的な挑戦である。[20]

同書は、一九九九年から二〇〇一年にかけて、龍谷大学社会科学研究所の共同研究として始まった研究会の成果であり、理論研究とともに、イギリス市民運動の調査なども並行して行ない、実践的な提言も果敢に表明している。

「ともすれば、『神々の論争』になりがちの基礎理論を、個別社会問題での実践の中で再構築し、検証している。本研究会の活動と本書の発行自体が、現代『市民社会』へのひとつの挑戦である」という「はしがき」の宣言を実現しているか否かが同書への評価の第一のポイントということになる。

同書評価の第二のポイントは、各論文がそれぞれにもつ理論的射程の如何と思われる。

さらに第三のポイントとして、たとえば権力による法とは異なる次元の法を模索する〈民衆法廷の思想〉がもつ「現代世界へのもうひとつの挑戦」の視角からの評価をあげたい。両者は果たしていかなる関係に立つのか。どのように交錯するのか。二一世紀初頭の現代世界に向けて法律家はいかに向き合い、どのようにアピールを発信していくのか。[21]

同書は二部構成である。第一部の理論編は五本の論文を収録し、第二部の実践編も五本の論文を揃えている。

理論編

第一部は、石井幸三「市民運動とその人間像」、馬場健一「官僚法の市民法への転轍をめざして」、本田稔「刑法における近代の弁証法」、葛野尋之「刑事法における市民的公共性」、石塚伸一「二つの刑事政策」の五論文から成るが、「おわりに」において編者が最小限の要点をまとめているので、それを手がかりに読み進めることができる。

「石井幸三の論稿は、最近の『現代市民法論』が市民法の射程ないしは領域の設定にこだわるあまり、変革の中核となる市民運動を支える現実の人間像を看過ごしていることを鋭く批判している」。

石井は市民運動の主体像を、用語をめぐる論点整理をしながら論じ始める。市民社会概念の多元性と多層性を意識しながら、それぞれのレベルにおける市民社会概念を対比し分類する作業は、しかし、よくある例示的列挙と恣意的分類に終わるのではないかとの危惧を抱かせる。この危惧は半分当たるのだが、石井が「その先」を見据えていることも読み取ることができる。

「馬場健一の論稿は、みずからが『たった一人の市民運動』のなかで得た体験にもとづき、法廷での争いで勝とうと思えば、司法官僚の作り上げた判例理論を、外側から批判しているだけでなく、判例を市民の視点から練り直す必要があると主張する」。

馬場は、ある情報公開訴訟を素材に、日本の司法判断の問題性を浮き彫りにする。その手つきは一見すると従来型の判例研究だが、下級審判決の工夫や苦心との対比で、硬直した司法官僚制を抉りながら、市民法の実践に繋げる。

「本田稔の論稿は、近代市民社会における『啓蒙の弁証法』の矛盾的契機が、現代の『危険社会』における刑事政策の理論と実践のなかにも看取できることを指摘している」。

本田は、近代刑法の構造に対する「フランクフルト刑法学派」の批判を検討した上で、構造的矛盾を止揚し、「批判精神」を復権させる課題を登記する。近代刑法研究を通じて現代刑法現象を批判してきた民主主義刑法学の意義と限界を意識し、民主主義刑法学の再構築をめざす。それでは「啓蒙」と「批判精神」を活かす二一世紀の刑法学の可能性はどこにあるのだろうか。

「葛野尋之の論稿は、近年の少年の事件報道をめぐる議論を素材に、多数者としての『市民』が社会的『弱者』であるはずの少年を犠牲にして、社会の統合を維持・強化しようとすることの危険性を指摘し、それに対抗するための新たな『公共性』論を模索している」。

葛野は、少年本人特定報道禁止問題を検証しつつ、少年司法への市民参加を模索し、市民的公共性と「市民的治安主義」の相克を撃つ。大著『少年司法の再構築』に支えられた論旨は説得力がある。ところで、信頼、連帯、参加、協同、人間の尊厳をキーワードとする市民概念は、従来の市民概念とどのように異なるのであろうか。石井の分析との連関も必ずしも明瞭とは言い難い。

「石塚伸一の論稿は、国家主導の刑事政策を『市民』主導のそれへと転換することによって、小さな刑事司法をめざすべきとの立場から、大きな刑事司法を志向する最近の兆候を批判している」。

石塚は、近年の「犯罪増加・治安悪化・警察力増強」論を実証的に批判し尽くし、厳罰主義政策と寛刑主義政策の分岐を示し、「市民的刑事政策」を提唱し、特にNGOによる参加を強調し、「個人本位の適正な刑事司法」を唱える。重要な問題提起だが、二者択一の根拠は不明である。国家主導だから「刑事政策」なのであり、「市民的刑事政策」は論理矛盾ではないかが気になる。

実践編

石塚伸一編著『現代「市民法」論と新しい市民運動』の「第二部実践編～新しい市民運動を求めて」は、佐々木光明「少年法『改正』における危機の創出とプライバタゼイション」、石塚伸一「薬物依存からの回復と市民的支援」、南口芙美＝石塚伸一「アミティが市民運動に与えたインパクト」、ナヤ・アービター「アメリカの刑務所におけるアミティの実践」、金尚均「ドイツの薬物政策」、福島至「刑事拘禁とNGO（市民）活動」から成る。編著者の「おわりに」を手がかりに見ていこう。

「佐々木光明の論稿は、少年法『改正』をめぐって展開された様ざまな利益集団と市民運動の動きを追跡している」。

佐々木は少年法改正を「子ども期」への攻撃と捉えて、国会審議の傍聴により法改正の視点を洗い直し、「子ども犯罪」「専門性への疑義」「安全な環境」の強調を検証し、一方で危機を創出しつつ他方で個人に帰責を強めていく方式に疑問を提起する。理論編の葛野論文と呼応して、現代少年法をめぐる状況を解明しつつ、少年非行対策における「運動」の質を問い続ける。「市民による社会的協同と実践の尊重」として、子どもとの社会的関係作りや子どもの育ちへの関わりが指摘される。問題の所在や運動の方向性に異論はないが、第一に、従来語られてきたことの異同、第二に、家族論や市民社会論自身の展望の不在が気になる。

「石塚の薬物問題に関する論稿は、薬物依存からの回復をめざす自助グループ『ダルク』を市民の呼びかけによって招致した北九州の市民運動を紹介している」。

北九州ダルクの発足から崩壊に至る経過を紹介しつつ、自助運動の意義とこれまでの限界を検討し、研究者の実践的関わりのあり方をも問い直している。「刑事法」分野での冤罪救援運動や死刑廃止運動とは違った局面で、ある意味「出口のない運動」を再構築する試みである。

「南口芙美＝石塚の論稿は、アメリカの犯罪や非行からの回復をめざすNGOアミティの来日を契機にはじまった小さな市民グループの活動を紹介している。ナヤ・アービターの論稿は、来日の際のスピーチの翻訳である」。

『ジャーニー・オブ・ホープ――死刑囚の家族と被害者遺族の二週間』（NHK、一九九六年放送）が与えた衝撃から、日本でも犯罪被害者と加害者の和解を求める市民的運動が始まった。そのもっとも重要な例がアミティの紹介と、そこから始まった市民運動といえよう。アリゾナやカリフォルニアで実践されてきたアミティに学びながら、暴力の連鎖を断ち、癒しと回復と和解を実現することが重要である。もっとも、刑法学において理論的に紹介され展開されている「修復的司法」との関係での整理が必要であろう。刑法学における修復的司法論は、一見して同床異夢の猥雑な混乱状況を呈している。国家刑罰権力を背景にした上からの威嚇的懲罰的「修復的司法」しか実現しえないならば、日本刑法学・実務の厚化粧にとどまるだろう。

また、初期の「治療共同体シナノン」創設者の言葉として、薬物依存者を薬の問題、心理的問題、内科的問題、文化的要素などに限定せず「統合的なプログラム」として提示しようとしている。しかし、ナヤ・アービター報告は主意的・主体的条件の整備に傾斜しているのではないか。

「金尚均の論稿は、薬物問題に対する厳罰主義に効果がないことを経験したドイツにおいて、依存症者の回復が市民にとっても利益になるとの観点から、自己使用についての容認主義へと変わっていった背景を詳しく紹介している」。

ドイツの市民と行政の取り組みに学び、日本の刑事政策への疑問を提示していることには共感できるが、同書の「新しい市民運動」としての可能性には言及されていない。

「福島至の論稿は、イギリスにおける刑事司法の改革に市民運動がどのようにかかわっているのかを紹介している」。

プリズン・リフォーム・トラスト（ＰＲＴ）事務局長の報告等を素材に、刑事施設のあり方を改善するために市民に何ができるかを模索している。監獄人権センターなどの活動にも示唆的であろう。最後に、ＮＧＯの政策提言能力を高める課題が指摘されているが、どの読者もその先を読みたいと考えるはずである。

「市民法」への視座

編者は「近代市民社会とその構成員たる市民像がある種の虚像であり、現実世界の実像を反映していないというのには、消極的な意味だけでなく、積極的な意味もある。矛盾に充ちた人間の存在を丸ごと認めた上で、その積極的側面を評価して、現実社会の変革にどのようにむすびつけていくかがわたしたちの課題であった。当然、存在を認めることは、新たな市民像の構築につながる」という。

ここには同書の真骨頂と限界が同時に端的に表現されている。自由と平等を仮設した近代市民法の主体としての市民の射程の限界を踏まえて、現実社会の変革に向けた再構築を目指す意欲と、そのための理論仮説の提示は同書の魅力となっている。

しかし、抽象的市民を超えるために、従来、例えば労働者（階級性）、女性（ジェンダー）、植民地人民など多彩な具体的市民を拠点にした法理と運動がなぜ現実世界を変革できていないのかを意識するならば、同書が提示する主体の射程は著しく短いものと考えざるを得ない。労働者や女性からでなく、あるいは消費者からでもなく、少年、薬物依存者、受刑者といった、弱い地位に置かれた者の地平から問いを立て直すことは重要であるが、それが実践的意義を有するためにはさらなる検討を要するであろう。このことは同書が「市民でない者」への視線を、少なくとも明示的には持っていないことと連接する。定住外国人、移住外国人、難民、先住民族、少数者などのカテゴリーを前にすれば、抽象的であれ具体的であれ、市民像自体のいかがわしさが視えてくる。その先の「新しい市民運動」の手がかりとなるのは「市民像」を外からも内からも破壊する法理であり、国際共同体ではないグローバルな市民社会を形成する主体でなければならないのではないか。同書を高く評価しつつも、別異の可能性を探ることこそが出発点とならざるをえない。(22)

註

(1) 二〇〇六年六月二日、与党は野党・民主党の対案を丸呑みする奇策で法案成立を図ったが、民主党内の反対により採決が見送られた。このことは今後、与野党の談合で共謀罪法案が成立する危険性を示している。「特集・『共謀罪』を多角的・批判的に検討する」『法律時報』七八巻一〇号（二〇〇六年九月）、「緊急特集・『共謀罪』新設法案の廃案を求めて」『法と民主主義』四一二号（二〇〇六年一一月）参照。さらに、「条約刑法」としての共謀罪という提案理由自体の虚偽性が明らかにされた。さらに、日本弁護士連合会の「共謀罪新設に関する意見書」（二〇〇六年九月）参照。

(2) 中山研一「『共謀罪』法案の何が問われているのか」『世界』七四六号（二〇〇五年一一月）。

(3) 宮本弘典「共謀罪――このグロテスクな権力テクノロジー」『週刊金曜日』五八一号（二〇〇五年一一月）。

(4) 足立昌勝監修『共謀罪と治安管理社会――つながる心に手錠はかけられない』（社会評論社、二〇〇五年）。なお、足立昌勝「刑法を変質させる共謀罪」『法律時報』七八巻四号（二〇〇六年四月）参照。

(5) 斉藤貴男・沢田竜夫編『「治安国家」拒否宣言――「共謀罪」がやってくる』（晶文社、二〇〇五年）。

(6) さらに、宮本弘典「安全保障法としての刑法」『無罪！』一五号〜二〇号（二〇〇六年）。

（7）ミシェル・フーコー『監獄の誕生』（新潮社、一九七七年、原題『監視と処罰』）。
（8）デイヴィッド・ライアン『監視社会』（青土社、二〇〇二年）。
（9）デイヴィッド・ライアン『九・一一以後の監視――〈監視社会〉と〈自由〉』（明石書店、二〇〇四年）。
（10）岡本裕一朗『ポストモダンの思想的根拠――九・一一と管理社会』（ナカニシヤ出版、二〇〇五年）。
（11）ディストピア小説とは、ユートピア小説の逆の意味で、人間社会の未来が希望のない抑圧社会や戦乱の社会となることを予測した小説を指す。アンチユートピア小説である。H・G・ウェルズの『タイム・マシン』、ジョージ・オーウェルの『一九八四』、『動物農場』、オルダス・ハックスリーの『すばらしい新世界』、レイ・ブラッドベリの『華氏四五一』などが知られる。
（12）アントニオ・ネグリ、マイケル・ハート『〈帝国〉』（以文社、二〇〇三年）。
（13）なお、阿部潔・成実弘至編『空間管理社会――監視と自由のパラドックス』（新曜社、二〇〇六年）も参照。阿部潔は、近年の監視の特徴を、「見張りから見守りへ」「禁止から自由へ」「事後から未然へ」という観点で把握し、「安全を確保するために人々が見守られ、禁止でなく自由に行動することを奨励され、そもそもなんらかの問題を惹き起こすような出来事が生じる危険性から未然に守られているのだとしたら、そうした社会状況は個々の人々にとって決して嫌なものではないはずだ」とし、個性や多様性を容認する監視の名のもとで何が起きているのか、何が失われているのかを探り、次のように述べる。「安穏とした快適という見せかけのもとで、『自由』を徹底的に奪っていこうとする現代的な監視の暴力。それはメディアによってスペクタクル化されたお祭り騒ぎへと人々を惹き入れながら、真の意味での『他者との邂逅』を根本から抑圧する。そうした現代的な管理社会に対抗するうえで、『空間の自由』のあり方を理論的かつ実践的に探求していくことが、今なによりも求められている」。
（14）なお、ネグリ、ハート『マルチチュード』（日本放送出版協会、二〇〇五年）参照。
（15）例えば、斉藤貴男『プライバシー・クライシス』（文藝春秋、一九九九年）、同『安心のファシズム』

（岩波書店、二〇〇四年）など。さらに、田島泰彦・斉藤貴男『超監視社会と自由』（花伝社、二〇〇六年）は、「官による市民に対する監視とコントロールは、市民の内心にまで踏み込み、行為に至らないコミュニケーションや思想を処罰する共謀罪の立法化、監視カメラと連動した顔認証システム導入に向けた霞ヶ関駅での実験強行の動き、テロへの対処を掲げて警察と自衛隊が連携を緊密にし、市民の自由を制限する傾向、さらにはプライバシー保護などの名目で憲法を改正し、言論やメディアへの統制を強める企てなどにより、新たな段階に突入しようとしている。本書は特にこういう『監視社会』の新たな局面を中心に検討を加えようとするのだが、タイトルに『超監視社会』という言葉を入れたのは、まさに以上のような状況を指している。／このような監視社会化の展開の前で、プライバシーをはじめとする私たちの市民的自由はまさに風前の灯である。何しろ、住基ネットがもたらすプライバシー侵害の危険に対処するために用意された一連の個人情報保護関連法は、もっとも求められる官の規制はままならず、私たちの個人情報をきちんと守れないどころか、大切な表現の自由を乱暴に侵害する代物である。ひたすら増殖を続ける監視カメラには、法的な根拠もコントロールもなく、私たちの肖像権やプライバシーには何の配慮も払われていない。まさに無法地帯である。／生活の便利さや、『防犯』、『安全』などの価値を全面的に否定することはもとよりできない。しかし、だからと言って、そうした名のもとに、プライバシーや表現の自由などの人権と人間の尊厳を投げ捨てて、お上に譲り渡してしまっていいのだろうか。そういう『監視社会』は、人間的な社会なのだろうか。そうでないとすれば、どうすればこれを克服できるのか。このブックレットが問い掛けているのは、こうした避けて通ることの出来ない根源的な問題である」（六〜七頁）としている。

（16）日本の軍事力について、前田朗『市民の平和力を鍛える』（K・I・メディア、二〇〇六年）。さらに、山田朗『護憲派のための軍事入門』（花伝社、二〇〇五年）参照。

（17）〈闘う市民社会〉という表現は、本来は自由・平等・連帯をキーワードとしているはずの市民社会が、実際には「差別と排除を通じた自由の確保」に変質していることへの疑問に根ざして、第二次大戦後のドイツ連邦共和国の〈闘う民主主義〉を参考に案出した用語である。〈闘う市民社会〉は、外部の市民社会と闘う（つまり、国家間の戦争やイデオロギー対立）と同時に、自己の内部における「異物」の狩り出しと排除の機能を有し、自己を維持するために絶えず自らの内部に敵を模索する。その意味で次註の「友／敵」理論と関連する。

(18)「友／敵」理論は、ドイツの国法学者カール・シュミット（一八八八～一九八五年）の『政治的なものの概念』（未来社、一九七〇年）で展開された政治論として知られる。権力をめぐる政治の本質を友（味方）と敵の二分法によって鋭く提示した。シュミットは、議会制民主主義を批判し、ナチスに協力したため、ナチスの支配理論とも見られたが、政治一般に適用可能な理論である。

(19)「非国民」について、前田朗「非国民がやってきた！」『週刊ＭＤＳ』九六五号（二〇〇六年一一月）以下の連載参照。

(20) 石塚伸一編著『現代「市民法」論と新しい市民運動――二一世紀の「市民像」を求めて』（現代人文社、二〇〇三年）。

(21) 民衆法廷については、前田朗『民衆法廷入門』（耕文社、二〇〇七年）。

(22) 内田博文・佐々木光明編『〈市民〉と刑事法』（日本評論社、二〇〇六年）も現代における市民の位置と意味を見定めながら、刑事法の諸問題を考えようとする。本書は、マスメディアと刑事法、生殖医療と刑事法、環境刑法の基本問題、経済取引に伴う犯罪と市民、交通事故と刑罰、公務員犯罪と刑事法、薬物依存と刑罰、地域社会と子ども・教育、家族・ジェンダーと刑事法、エスニシティと外国人選別、国家を超える刑事法（国際刑事裁判所）などのトピックを素材に現代刑事法の変容を探っている。さらに、市民生活と刑事司法の交錯領域を点検しながら「生きた刑事法入門」をめざしている。「日本の刑事法を少しでもより良いものに変えていく主体は誰か」という問いは、本書の出発点であり到着点でもあるが、解答は与えられていない。日本の刑事法をより悪質なものに変えていく主体も「市民」ではないかとの反省的問いを通過した上で、「市民の両義性」を解きほぐす努力が必要であろう。

第二章　拷問を根絶するために

日本国憲法第三六条は「公務員による拷問及び残虐な刑罰は、絶対にこれを禁ずる」と規定し、同第三八条第二項は「強制、拷問若しくは脅迫による自白又は不当に長く抑留若しくは拘禁された後の自白は、これを証拠とすることができない」と規定している。大日本帝国憲法下、治安維持法と特高警察体制の時代には、公務員による拷問や虐殺がまかり通っていたことへの反省から、拷問は絶対に禁止された。

しかし、日本国憲法制定から六〇年の歳月が流れたが、その間、絶えず拷問被害の訴えは続いてきた。当局は拷問の事実を認めないが、多くの刑事被疑者・被告人たちが拷問されたと訴えてきたし、刑事弁護人たちも事実を指摘してきた。近年では、国連人権機関においても日本の拷問が何度も取り上げられてきた。民主主義国家で先進国のはずの日本が拷問を廃止できないのはなぜだろうか。

第1節　人権委員会拷問問題報告書

ファン・ボーヴェン報告書

二〇〇三年三月から四月にかけてジュネーヴで開催された国連人権委員会五九会期にテオ・

ファン・ボーヴェン「拷問問題特別報告者」の報告書が提出された。[1]報告書は、日本に関する情報を掲載している。[2]人権委員会の「議題一一の市民的政治的権利」のうち「（a）拷問と拘禁」に関する項目の下で審議された。

ファン・ボーヴェン特別報告者はオランダを代表する、と言うよりも世界有数の国際法学者である。かつて国連人権センター所長を務め、国連人権小委員会委員や人種差別撤廃委員会委員も歴任した。人権小委員会委員の時には「重大人権侵害被害者の補償の権利に関する特別報告者」として活動し、『重大人権侵害被害者の補償・救済・リハビリテーションのためのガイドライン』を作成した。[3]このガイドラインはシェリフ・バシウニ特別報告者に引き継がれ、国連人権委員会で継続的に取り上げられた。ファン・ボーヴェン報告者は、日本軍「慰安婦」問題についても、重大人権侵害被害者としての補償を要求する権利があることを法的に明らかにする報告をしている。「慰安婦」問題に関するファン・ボーヴェン報告書は被害女性たちを勇気づける歴史的文書であった。現在はナイジェル・ロドリーの後任として拷問問題特別報告者の地位にある。[4]

今回のファン・ボーヴェン報告書は、二〇〇三年二月二七日に人権委員会に提出されたが、本編に加えて世界各国の情報を詳細に紹介した付属文書が付されている。付属文書に日本情報が含まれている。

緊急アピール

日本情報の末尾に緊急アピールの報告が見られるので、順番は逆になるが、まず緊急アピールを紹介する。二〇〇二年三月一四日、特別報告者はアフガニスタンに強制送還されそうになっている少なくとも一九人のアフガン難民認定申請者のために緊急アピールを出した。ほぼ全員に強制送還命令が出されたという。多くがハザラ人であり、主にパシュトゥ人であるタリバンが権力を握っているため迫害された人々であるという。アフガニスタンの最大多数民族がパシュトゥ人であり、続いてタジク人、トルクメン人、ハザラ人など多数の少数民族がいる。多くはイスラム教スンニ派だが、ハザラ人はシーア派である。このためハザラ人は長い間、差別されてきたし、タリバン時代にも迫害されたという。「九・一一」のためアルカイダとの関連をめぐって捜査対象とされ、一〇月に逮捕され牛久東日本収容センターに拘禁されたという。九人の難民認定申請が一一月に却下されている。拘禁されている者の多くが、心身の健康を害し、拘禁条件は劣悪であるという。食事もとれず体重が減っているという。

個別申立ての通知

二〇〇二年九月二日、特別報告者は日本政府に次の通知を行った。一九九三年以来在留しているイギリス人パトリック・ラフリンは一九九九年一〇月に傷害致死容疑で逮捕され、二〇〇〇年三月二一日に懲役四年を言い渡された。刈谷、岡崎、名古屋の各拘置所に収容された際に、ひどく殴られたり、ほとんど窒息しそうなくらいベルトを締められ、厳正独居（隔離拘禁）に付され[5]、睡眠を妨害され、食事や適切な医療も受けられなかったという。

一二年の懲役刑を受けているイラン人アブダル・アミル・ベフキンは劣悪な条件に置かれ、七五キロの体重が三七キロに減り、車椅子を使っているという。

特別報告者は、移住者権利特別報告者とともに、成田空港などにある特別審査室における調査に際しての入管当局による虐待の危険性を指摘している。外国国籍者は警備員に裸検査を強制され、殴られ、食事も抜かれた。外部交通も奪われ[6]、弁護士などとの連絡も取れない。多くの場合、警備員や当局によって医療も妨げられている。数週間も収容されているのに窓のないところもあるという。

難民認定申請が、個別ケースの適切な調査もなく、送還された場合に直面する危険についての配慮もないままに、却下されているという。通訳の権利も弁護士に相談する権利も否定されている。本人が理解できない言語による文書に署名させられている。異議申立権を放棄するように余儀なくされている。適切な権利告知がなされていない。口頭では一応告知されていても、本人が理解できる言語の文書では告知を受けていないという。

特別審査室から拘禁施設に移送されたり逆送された外国国籍者は、民間警備会社によって移送されているが、民間警備会社が被拘禁者の監視を請け負って「収容」費用を請求し、支払いを拒否した被収容者を裸検査したという。その際に実力行使が行われている。にもかかわらず当局が調査をしていないという情報がある。

入国の拒否と人権侵害がその国籍に関連している例がある。「九・一一」以後、アフガニスタンや中東出身者であるという理由で入国拒否がなされているという。二〇〇二年四月三〇日までに一四人のアフガン難民が成田空港で入国拒否されたという。数週間は成田に収容され、牛久収容センターに移送された。難民認定申請はすべて却下された。ほとんどすべてが仮放免を求めているという。

関西空港で拘束されたシーア派マイノリティのアフガン難民アリ・アーマドは反タリバン活動をしていたという。彼の難民認定申請は却下され、二日後に日本からの出国を命じられた。関西空港の拘禁室に収容されたが、異議申立権を放棄する文書に署名するように求められて暴行されたという。三ヵ月の拘禁中に体重が三五キロ減ったという。

ＮＧＯ発言

二〇〇三年四月二日、国連人権委員会で、ニューデリーに本部のあるＮＧＯの「南アジア人権文書センター」が、日本の刑事司法について発言した。

第一に、日本の刑務所は、ＮＧＯのアムネスティ・インターナショナルが「中世の拷問道具」と評した革手錠を使って腹部に傷害を負わせている。(7) 食事に手を使うことができず、股割れズボンを着用している。国際自由権規約[8]と拷問等禁止条約[9]に違反している。二〇〇二年には二人が死んだ。日本政府は革手錠を禁止するというが、人権委員会が監視するべきである。

第二に、日本は工業化された民主主義国家で死刑を持っている二つの国家の一つである。五七人が死刑を待っており、五〇人ほどが死刑判決に上訴している。死刑確定囚は厳正独居とされ、終日一人でいる。壁にもたれたり横になることもできない。会話も禁止され、家族との連絡も制限されている。日本政府は心情の安定のためだというが、家族との面会が心情に悪いなどと信じられるだろうか。執行期日も本人に知らされていない。家族や弁護士にも知らされていない。

二〇〇四年報告書

二〇〇四年三月一五日から四月二三日にかけて開催された人権委員会第六〇会期に、テオ・ファン・ボーヴェン拷問問題特別報告者の報告書が提出された。[10]その付録に日本に関連する情報が掲載されているので紹介したい。三件の事例が掲載されているが、いずれも前年の報告書に掲載されたものの続報である。

ファン・ボーヴェン特別報告者は、二〇〇二年から拷問問題特別報告者となっている。二〇〇三年の人権委員会に最初の報告書を提出し、今回が二度目の報告書である。前年同様、世界各地の拷問その他の取り扱いに関する訴えを詳細に紹介し、各国政府への問い合わせ状況についても記録している。

ラフリン事件

前年の報告書にも掲載されていたパトリック・ラフリンの事例について、日本政府から回答があった。日本政府によると、ラフリンは名古屋拘置所で職員に暴行をふるって傷害を負わせた。職員がラフリンを殴ったというのは事実ではない。二〇〇一年八月八日と九月二日に革手錠を用いたが、それはラフリンが興奮して暴れたからである。ラフリンは保護房に収容された。保護房の使用は、本人が暴れなくなるまでの短期間である。ラフリンを収容した単独房は法令基準に合致している。食事も栄養士がついているし、ラフリンはきちんと診断も受けている。ラフリンが暴行を受けた等の訴えは事実ではない、としている。

前年の報告書では、ラフリンは、刈谷、岡崎、名古屋の各拘置所で殴られたり、窒息しそうなくらいベルトを締められ、厳正独居とされ、睡眠を妨害され、食事や適切な医療を受けることもできなかったと訴えていた。

収容者に対する暴行にかけては名だたる名古屋だが、本件で日本政府は暴行の事実を全面的に否定し、処遇も適切であったと主張している。しかし、革手錠の使用自体が拷問と呼ぶべきもの、あるいはそれに近いものであることはすでに指摘されている。

ベフキン事件

日本政府によると、アブダル・アミル・ベフキンは、摂食不良のため、一時は体重が減少した。しかし、東京拘置所および府中刑務所で、適切な治療を施し、ベフキンに食事について指導した結果、摂食不良による嘔吐もなくなり、体重減少も止まった。今では体重は六五キロに回復し、作業場での労役に服務している。前年の報告書では、ベフキンは、劣悪な処遇のために体重が七五キロから三七キロに減少したと訴えていた。

日本政府は摂食不良のためという理由を示しているが、摂食不良となった理由を示していない。人間の体重は理由なしに減ったりしないが、そもそも人間は理由なしに摂食不良になりはしない。日本政府は体重減少の事実を認めているが、七五キロから三七キロへ体重減少したというベフキンの訴えが事実であるのか否か答えていない。六五キロに戻ったというのだからかなり回復したといえるかもしれないが、なぜ三七キロになったのかを明らかにするべきである。

アーマド事件

アリ・アーマド事件については、拷問問題特別報告者と移住者権利特別報告者の両者による共同の質問が出されていたが、日本政府は次のように回答している。アリ・アーマドは、二〇〇一年九月一二日、関西空港に到着したが、パスポートを持っていなかったので、不法入国の嫌疑により送還手続きが始まった。確かに九月一三日から二七日まで関西空港の拘禁室に収容された。九月一四日に送還命令が出されたが、一二月一七日に命令が取り消され、仮放免となった。本人は五ヵ月後と主張しているが三ヵ月後である。しかし、法務大臣は、彼は難民条約で定義された難民ではなく、「訴追されるおそれがある」とは認めなかった。それゆえ彼の難民認定申請は、二〇〇二年一月一一日に却下され、異議申立ても二〇〇三年七月二四日に理由がないと判断された。入国管理官が彼に怒鳴ったり、物理的暴力で脅して書類に署名させたという主張は事実ではない。拘禁中、彼は摂食不良にはなっていなかったし、皮膚炎については週に一回医師にかかっていた。彼の体重が拘禁中に減少したという事実はなかったと回答している。前年の報告書では、アーマドは、難民認定申請の却下、退去強制命令と、そのための収容時における暴行、および体重減少を訴えていた。

暴行の有無については、相変わらず密室状態における証人の不在を隠れ蓑にしているのではないかと疑うべき十分な前例がある。密室状態を維持しておきながら、暴行を否定するだけでは説得力がない。そもそも日本の難民認定の現状には大いに疑問がある。

特別報告者への情報提供

国連人権委員会の拷問問題特別報告者や恣意的処刑特別報告者は、これまで何度も日本における被拘禁者や死刑確定者の状況について取り上げて、日本政府に情報を要請してきた。

ロドリー特別報告者が代用監獄、警察による人権侵害、監獄における医療の不備、旭川刑務所における厳正独居等の人権侵害があることを報告したのは一九九五年の人権委員会であったから、早くも一〇年以上の歳月が流れたことになる。特別報告書で取り上げられた事例は解決した場合もあるにしても、報告されない人権侵害がどれほど多いことか。日本政府は特別報告者からの問い合わせに回答はしているが、個別具体的な回答を十分行なっているとは思えない。

その意味では、NGOによる特別報告者への情報提供がまだまだ求められている。被拘禁者の人権を擁護するNGOのいっそうの活躍が必要だ。名古屋刑務所事件も特別報告書には掲載されていない。拘置所医療の不備は東京地裁によっても確認されている。各地の刑事施設における収容者の自殺事件をまとめて報告する必要もあるのではないか。

日本政府は拷問等禁止条約を一九九九年に批准したにもかかわらず、報告書提出締め切りを大幅にすぎても、報告書を提出していなかった。提出は二〇〇五年一二月まで遅れた。拷問禁止委員会での日本政府報告書審査が期待されるが、人権委員会（二〇〇六年に再編されて人権理事会になった）の特別報告者への情報提供も継続的な重要課題である。

第2節　代用監獄批判の理論と実践

未決拘禁とは

既決の刑事施設改革に続く、未決拘禁に関わる改革が進行している。直接的には、名古屋刑務所事件を受けて設置された行刑改革会議の提言を踏まえた既決の刑事施設改革が先行したことによって、既決の処遇の方が未決の処遇よりも改善されたアンバランスを是正すること、未決拘禁の法律関係が複雑化したので整理するといった面があり、必要な改革を着実に進めているといえないわけではない。

しかし、代用監獄問題に見られるように、無罪の推定の働く被疑者・被告人の立場を配慮したとはいえない改革であり、憲法、国際人権法、刑事訴訟法のどの観点に照らしても疑問が残る。

こうした状況に迅速に対応してきた研究者集団の刑事立法研究会は、『刑務所改革のゆくえ』[11]に続いて、『代用監獄・拘置所改革のゆくえ』[12]を公にし、さらに研究者声明を呼びかけている。

代用監獄に対しては多くの刑事法研究者と弁護士会の精力的な批判が続き、国際人権連盟やアムネスティ・インターナショナルなどの国際NGOからも厳しい批判が寄せられ、さらには自由権規約委員会からも代用監獄廃止勧告が出されてきた。ところが、拘禁二法案以来、警察庁は代用監獄の正当化を図り、法務省や裁判所も人権無視路線に巻き込まれ、代用監獄恒久化の流れを許してしまった。

刑事立法研究会は、これまでの代用監獄批判の理論を集約し、発展させることによって、最近の刑事立法に実践的に提言を試みている。

巻頭論文の豊崎七絵「未決拘禁は何のためにあるか――未決拘禁制度の抜本的改革を展望するための基本的視角」は本書の基調であり、単独で第一部「未決拘禁問題のパラダイム」を形成する。ここでは、未決拘禁は拘禁それ自体を自己目的として行なわれる処分ではなく、刑事訴訟の確保を目的とする、令状により命ぜられた強制処分の執行であることが確認される。それゆえ、その目的以外の目的による被疑者の権利制約は許されない。規定は刑事訴訟法の一部として位置づけられなければならない。拘禁の権限は捜査機関にはなく、代用監獄は許容されない。[13]人身の自由や無罪推定法理[14]と矛盾・抵触する未決拘禁は「必要悪」であり、身体不拘束の原則と整合しうるように設計・構築しなければならないとする。

第二部「捜査と拘禁の分離原則」では、まず佐藤元治「代用監獄の立法事実・趣旨と現在」が、監獄法制定過程における「代用」が例外性、限定性を意味していたことを確認し、戦前における代用監獄の機能を析出する。そこでは治安維持法に代表される治安弾圧の道具としての代用監獄が確認されるとともに、違警罪即決例と結びついた既決の代用監獄の悪用問題に焦点が当てられる。未決の代用監獄が中心的論点となるのは、戦前の治安法体系が崩壊して以後のことという。

葛野尋之「未決拘禁の司法的コントロールと代用監獄」は、代用監獄が自由権規約第九条三項に違反すると指摘されてきた内容を具体的に示して、規約に違反しないとする日本政府見解の誤りを確認する。自由権規約の規範的内容を欧州人権条約[15]の判例等も参照しながら解明し、捜査と拘禁の結合や取調受忍義務論[16]を批判し、未決拘禁の憲法論を展開する。

第三部「身体不拘束の原則——拘禁に代わる措置の模索」では、水谷規男「未決拘禁の代替処分」が、現行未決拘禁制度とその運用が抱える問題を、特に未決拘禁の過剰拘禁状態として把握し、憲法や国際人権法に照らした刑事手続きの原理に即した検討を加えて、手続き上の必要がある場合に身体拘束を前提とせずに賦課しうる「手続き確保のための処分」を追求する。保安処分的色彩の強かったフランスの未決拘禁が近年「無罪推定法」以後の改革でどのように変容しているかを分析した上で、手続き確保のための処分の主体・手続き・内容、およびそれが効果を持たない場合の担保も含めて論じている。

他方、石田倫識「保釈」は、自由権規約や欧州人権条約等を前提に、イギリスの保釈制度も参酌しながら、日本の保釈制度それ自体が持つ問題点と解釈・運用上の問題点を検討する。日本における起訴前保釈制度の欠如、権利保釈の除外事由の問題性、罪証隠滅要件の問題性が確認される。

第四部「未決被拘禁者の権利保護」で、中川孝博「未決拘禁者と弁護人以外の者との外部交通権」は、弁護人等との接見交通と弁護人以外の者との接見交通を比較して、弁護人以外の者との接見交通には相当制限がかけられていることを確認し、その差異の根拠と意味を問い直す。弁護人等との接見交通が重要であることは確かであるが、弁護人以外の者との接見交通については、憲法第一三条、第二一条、第三一条などの根拠があるから、その制約基準は明確でなければならないとして、権利制約の必要最小限度基準を明示する。

斉藤司「未決拘禁者に対する社会的援助」は、拘禁二法案をめぐって議論された未決拘禁者の「処遇」は権利制限に関するものが多かったことを反省して、積極的な「処遇」としての社会的援助の議論を手がける。無罪推定原則のもとでの未決拘禁における社会的援助はいかにあるべきかを、ドイツにおける議論を参照しながら、社会や家族等との断絶の最小化を中心とする拘禁の弊害除去措置としての社会的援助を打ち出す。

緑大輔「訴訟主体としての被疑者・被告人と未決拘禁」は、未決拘禁における権利制約からの転換をめざす被疑者・被告人の訴訟主体としての位置づけに焦点を当てる。もっとも、訴訟主体論が「自己決定権」に由来するとすれば、そこから被疑者・被告人の「自己責任」が短絡的に導出されかねないので、自己決定の前提となる選択肢が複数存在し、その内容についての情報が確保されていなければ意味がないとし、積極的なコミュニケーション手段の確保としての接見要求、情報提供者たる弁護人との信頼関係の確保のための措置を確認する。

福井厚「未決拘禁執行と刑事訴訟法的救済」は、未決拘禁における権利侵害があった場合の権利救済を論じる。ドイツ裁判所構成法施行法の解釈・運用に学びつつ、刑事訴訟法上の不服申立て方法について改正を検討するべきとする。

なお、第五部「死刑確定者の処遇」では石塚伸一「監獄法改正と死刑確定者の処遇」を収録している。

刑事法研究者の意見

二〇〇六年四月一四日、衆議院は「刑事施設及び受刑者の処遇等に関する法律の一部を改正する法律案」を可決した。法案作成までに、日本弁護士連合会、法務省、警察庁による協議や「未決拘禁者の処遇等に関する有識者会議」による検討が行なわれたが、たとえば有識者会議においては内部の意見対立があったにもかかわらず、審議をつめることをしていない。処遇の原則、改正の必要性、方向性、他の可能性などの検討もきちんと行なわれないままに衆議院の可決が実現してしまった。

石塚伸一（龍谷大学教授）、葛野尋之（立命館大学教授）、新倉修（青山学院大学教授）、福井厚（法政大学教授）、村井敏邦（龍谷大学教授）を呼びかけ人とする一〇一名の刑事法研究者は、二〇〇六年三月二七日、『未決拘禁および死刑確定者の処遇に関する法改正についての刑事法学者の意見』を公表した。[17]「意見」は「法改正に向けて議論が尽くされなければならない」「国際人権法の要請を満たした未決拘禁法を」「無罪推定の原則の意義」「無罪推定の原則からみた法案の問題点」「捜査と拘禁の完全分離と代用監獄の廃止」「取調べと自白に頼りすぎない、透明で客観的な刑事手続の構築を」「死刑確定者の処遇について」の七項目から成る。

「意見」は、次のように述べている。

「代用監獄は取調べの便宜・効率のために被疑者を警察の留置場に拘禁する制度であるが、これによって捜査と拘禁はひとつに結合する。捜査・取調べを行う警察の手によって、被疑者が社会生活と情報から遮断され、睡眠、食事、用便にまで至る全生活が管理されるとき、たとえ特別な暴行・脅迫がなくとも、虚偽自白への強い圧力が生じる。取調べ時間の制限、録画など、取調べの『適正化』だけでは解消しない代用監獄固有の問題が残るのである。代用監獄が捜査と拘禁の完全分離という要請に反することは、明らかである。ところが、日本政府は、規約人権委員会に対し、警察内部において捜査部門と留置部門が分離しているから弊害はないと繰り返し主張してきた。提言もまた、捜査部門と留置部門の分離について、『積極的に評価すべきである』と述べている（提言一二頁）。この点について、法案は、『留置担当官は、その留置施設に留置されている被留置者に係る犯罪の捜査に従事してはならない』と規定し（一六条三項）、留置施設における懲罰が捜査目的に用いられることを禁止するにとどまっており（一九〇条三項）、拘禁が捜査に利用されないよう確保するという捜査と拘禁の完全分離の要請にまったく応えていない」。

「有識者会議においては、拘置所の収容能力の限界も指摘されたが、これによって自由権規約違反が正当化され、日本政府の国際的責務が免除されることはない。現在の拘置所の収容能力に限界があるのであれば、令状請求・審査の厳格化、保釈の積極的活用などによって未決拘禁を抑制したうえで、必要な拘置所設置について具体的プログラムを策定すべきである。……日本の刑事手続が目指すべき方向は、身体不拘束の原則に従い未決拘禁を抑制したうえで、捜査と拘禁の完全分離という要請に応えるべく、代用監獄への拘禁を利用した取調べとそれによって得られる自白に頼りすぎることなく、透明性と客観性のある手続を構築することである。これが刑事手続の国際水準であり、裁判員制度の導入を控えた現在、焦眉の課題となっている。法案における代用監獄に関する規定は全面的に見直されなければならない。代用監獄を直ちに廃止することが困難だというのであれば、廃止に向けての具体的プログラムを策定すべきである」。

裁判抜き自由刑

代用監獄の運用実態は、訴訟の確保、罪証隠滅の防止、自白強要だけに尽きるものではない。むしろ、逮捕・勾留の二三日間は、裁判抜きの短期自由刑の執行といったほうが実態に即している。

代用監獄の「刑罰」機能が見事に発揮されるのは、公安事件や政治弾圧事件においてである。イラク戦争自衛隊派遣反対のチラシを配布しただけで住居侵入罪に問われた立川反戦ビラ事件はその典型である。(18) 逮捕された被疑者三名は逃走のおそれもないし、罪証隠滅の可能性もない。自衛隊官舎に立ち入った事実には争いがなく、それが住居侵入罪に当たるのか否かの法解釈の争いである。被疑者三名は黙秘権を行使していたから、長時間にわたる執拗な取調べの強要はまさに黙秘権侵害であり、自白強要である。また、政治弾圧の場合は、他への波及効果が狙われている。憲法上保障されている表現の自由に対する萎縮効果であり、平和運動への結集に対する威嚇効果である。

こうした問題点とともに重視しなければならないのが、裁判抜きの自由刑という現実的機能である。逮捕後の勾留請求がほとんど「自動的」に認められている現状では、逮捕および勾留（更新も含めて）の二三日間の起訴前拘禁が常態化している。余罪があればもっと長くなる。起訴後もなかなか保釈が認められない。立川反戦ビラ事件では、結局七五日もの未決拘禁であった。重大事件で被告人が否認していれば、なんと数百日、それどころか千日を超える未決拘禁が行なわれる。「未決拘禁」というよりも「裁判抜きの自由刑の執行」である。単なる嫌疑だけで、数百日にもわたって社会生活から切り離され、家族や友人とも僅かな面会しかできず、拘禁され続けるのであるから、完全な有罪の推定である。代用監獄および起訴後は拘置所という施設に拘禁され、社会生活とは異なる「規律」を強制され、犯行の自認のない限り保釈も認められない。なかには検察官による求刑よりも長期におよぶ未決拘禁まで生じている。もはや尋常な精神では到底理解できない。裁判抜きの刑罰執行を意図的に行なっているとしか理解できない。

この点では、刑事立法研究会『代用監獄・拘置所改革のゆくえ』所収の佐藤元治論文「代用監獄の立法事実・趣旨と現在」が、違警罪即決例と結びついた既決の代用監獄の悪用問題に焦点を当て、未決の代用監獄が中心的論点となるのは、戦前の治安法体系が崩壊して以後のことであると確認したことが想起される。違警罪即決例という便利な武器を失った警察が、未決拘禁・代用監獄等を悪用して裁判抜きの自由刑に変質させてきたのである。

ところが、二〇〇六年六月二日、代用監獄の制度化を容認する法律案が賛成多数で可決され、法律が成立した。これによって、二〇年近くにわたって内外で議論を呼び、廃止が求められてきた人権侵害システム代用監獄の恒久化が決まってしまった。端的に言って、拷問の制度化である。

第3節　人権小委員会の刑事法決議

日本NGO発言

二〇〇三年八月にジュネーヴで開催された国連人権促進保護小委員会（以下「人権小委員会」）では、戦時組織的強姦・性奴隷制問題をはじめとして、世界各地の多くの人権問題が報告され、議論された。(19) 市民的権利、差別、経済的社会的権利、女性の権利、テロと人権などである。日本関連NGOは戦時性奴隷制問題のロビー活動を展開したが、それ以外の発言も紹介しておこう。

二〇〇三年八月六日、日本弁護士連合会は、「日弁連が長年努力してきたにもかかわらず、日本の裁判所は国際法を正しく適用していない」とした。例えば、公職選挙法における戸別訪問禁止条項は自由権規約違反であるが、最高裁は何らの根拠も示さずに、戸別訪問禁止の処罰規定は自由権規約に違反しないという結論だけを示した。自由権規約の解釈がなぜこのようになるのかおよそ理由を示していない。外国人登録法指紋押捺義務訴訟でも、最高裁は何の理由も示さず、請求を棄却した。このように日本では国際法の履行がまったく不適切な状態である。日本が日本が自由権規約第一選択議定書(20)を批准していないので、救済手続きが不十分である。日本が選択議定書を批准すれば、被害を受けた個人通報が可能となり、事態の改善につながる。第一選択議定書その他の議定書の批准が必要である、と発言した。

同年八月八日、アジア女性人権評議会は、日本における民族学校に対する差別について、これまで六年間発言してきたとしたうえで、「日本政府は外国人学校の国立大学受験資格を差別してきたが、今年になって『改善案』を出した。それによると、外国人学校のうちアメリカやイギリスの学校だけが救済される。これに対する強い批判を受けて、日本政府はさらに新しい案を出したが、それは朝鮮学校だけを差別し、ほかは優遇する案である。これは政治的な案であり、人権促進にそぐわない。人権小委員会は日本政府に、少数者の教育機会の平等を求めてほしい」と発言した。

同年八月一二日、国際民主法律家協会は、「資料『日本からの民の声』には二七件の事例が報告されているが、これらのほとんどは日本国内では解決困難であり、国際協力が必要である。われわれは少額ではあるが国連の奴隷制基金、先住民基金、拷問基金に貢献してきた。基金への出資が増えれば、人権問題の解決につながる。また『人権と大量破壊兵器』報告書は重要である。劣化ウラン弾のような人権侵害兵器についての研究を続けるべきである」と発言した。

同日、アジア女性人権評議会は、アジアにおける民族的少数者の女性に対する差別について二つの例を紹介したいとして、「ネパールの二〇％の『ダリット』というカースト集団の女性は、教育、健康、土地所有権など人生のどの領域でも差別を受けている。人身売買その他の強姦被害も受ける。一九九四年、『フェミニスト・ダリット組織（ＦＥＤＯ）』を立ち上げた。日本の植民地支配時代の強制連行被害者の子孫である在日朝鮮人に対するチマ・チョゴリ事件は、ほとんど犯人が検挙されない。警官の人権教育が必要である。人権教育とは『抑圧された者から学ぶことを学ぶこと』である」と発言した。

日本関連ＮＧＯ発言は、刑事司法や差別問題に関する発言が目立つ。朝鮮学校に対する受験資格差別問題はこれまでも人権委員会や人権小委員会に報告しながら改善を求めてきた。文部科学省の差別的姿勢は変わらないが、二〇〇三年夏から秋にかけて京都大学をはじめとする各地の国立大学が自主的に差別是正に向けて動き始めた。国内運動と国際人権活動の両輪が効果を発揮し始めた。

他方、「人権と大量破壊兵器」報告書は、ＮＧＯの要請にもかかわらず、継続されない方向になっている。アフガニスタンやイラクなどでのクラスター爆弾や劣化ウラン弾の被害立証をもとに改めて重大人権問題であることをアピールしていかなくてはならない。

刑事法関連決議

二〇〇三年の人権小委員会は、三〇本の決議を採択した。[21]人権小委員会はさらに一六本の決定も行ない、翌年度の審議に向けた準備を促している。人権小委員会の決議は特定国を非難することができないことになり、委員会の審議もそれに応じて比較的理論的な研究や政策志向の討論に向けられている。世界の人権水準の底上げや、人権文書の発展や履行監視メカニズムなど課題は尽きない。

三〇本の決議は多彩な内容をもつが、日本ＮＧＯにとっても関心の高い刑事法関連決議を中心に紹介したい。刑事法に関連する決議には、「テロリズムと人権」「軍事法廷による法執行問題」「国際刑事裁判所」などもあるが、日本と直接関連する可能性のある決議に絞って紹介しておこう。

前科者に対する差別

決議七「有罪判決を受けて刑の執行を終えた者に対する差別」は概略次のような内容である。

人権小委員会は、刑の執行を終えた者が市民社会に復帰することを留意し、世界人権宣言第二条を想起し、一九九〇年の国連総会決議の「刑事施設収容者の処遇に関する基本原則」や二つの国際人権規約や人種差別撤廃条約にも留意し、刑の執行を終えた者に対して経済的社会的便益（公的住居、自宅をもつチャンス、公教育、雇用のチャンス）についての差別を許している国家があることに関心を持ち、貧困者や少数者が不均衡なまでに差別的に刑事司法に組み入れられてきた歴史に関心を持ち、少数者が不均衡に刑事施設人口の多くを占め、選挙の権利が否定されていることに留意し、一九九〇年の国連総会決議の「東京ルールズ」にも留意して、各国に、刑の執行を終えた者の処遇を検証し、国際人権基準に従って、いかなる公的差別も、非公的差別もなくすよう促す。人権小委員会法執行作業部会に対して、この問題を検証し、この問題および関連する国際人権基準についてよりよく理解できるようにするために収集されるべき情報は何であるかを示すよう要請し、「差別の防止」の議題でこの問題を検討し続けることを決定する。

死刑事件での移送

決議一一「死刑に特に言及したうえでの、人の移送」は概略次のような内容である。

人権小委員会は、自由権規約第六条二項、死刑廃止条約、欧州死刑廃止条約、米州死刑廃止条約などの死刑の廃止に向けての発展を確認し、一九九八年から二〇〇一年にかけての四つの国連人権委員会決議が死刑廃止を求めていることを想起し、二〇〇二年と二〇〇三年の人権委員会決議が死刑を科さない保証のない場合に死刑存置国に引渡しを拒否する権利に言及していること、二〇〇二年の恣意的処刑特別報告者報告書が死刑に直面している者の保護に言及していることを想起し、公正さの国際基準に適合しない裁判によって死刑が科されていることに留意し、死刑を科しうる犯罪を制限している国家を歓迎し、人権委員会がいかなる形態でも精神障害に悩む者に死刑が科されてはならないとしていること、国際法では犯行時一八歳未満の者への死刑を禁止していることを想起し、引き渡された者が拷問や非人道的取扱いを受けるおそれのある国家に人を移送してはならない義務があることをすべての国家に注意を喚起する。死刑廃止国や猶予国は死刑存置国への移送を拒否できることをそれらの国家に想起させ、死刑が適用されないという保証がなければ存置国に引渡しを行わず、裁判がなかったり不公正な裁判の行われる場合に引渡しを行わず、引渡し以外の形で事実上の移送を行わず、他国への移送について裁判所で審理を受ける実効性を保証するようすべての国家に促す。連邦国家の死刑のない地域から存置地域への移送を行わないよう促し、以上の理由から、国際犯罪の嫌疑を受けた者について、一定条件が満たされなければ引渡しを拒否することを想起し、二〇〇四年の人権小委員会でこの問題の検討を継続することを決定する。

その他の決定

決定一〇四「刑事施設における女性」は、フロリゼレ・オコーナー委員に、刑事施設における女性、および刑事施設における女性の子どもに関するワーキング・ペーパーを二〇〇四年の人権小委員会に提出するよう要請している。

決定一〇七「性暴力犯罪について罪や責任を問うことの困難性に関するワーキング・ペーパー」は、ラライナ・ラコトアリソア委員が提出したワーキング・ペーパーを考慮し、捜査当局の姿勢、法医学証拠など証拠収集、証拠法則、刑事手続や民事手続、証人保護、子どもの被疑者・証人の特別のニーズ、情報公開、被告人の権利保障などに関して、ワーキング・ペーパーを二〇〇四年の人権小委員会に提出するよう要請している。

決定一〇八「重大性暴力行為の犯罪化・捜査・訴追に関するワーキング・ペーパー」は、戦時組織的強姦・性奴隷制に関するマクドゥーガル報告書に関連して、フランソワ・ハンプソン委員に、武力紛争状況、または広範で系統的な民間人に対する攻撃の一部として行われた重大性暴力行為の犯罪化・捜査・訴追に関するワーキング・ペーパーを二〇〇四年の人権小委員会に提出するよう要請している。

二〇〇四年決議

二〇〇四年の国連人権小委員会五六会期は、決議三〇本、決定二三本を採択して、三週間の日程を終えた。(22) 以下では刑事法分野の決議などについて簡単な紹介を試みることにする。

決議一「拷問その他の残虐な、非人間的なまたは品位を損なう取り扱いまたは刑罰の絶対禁止」は、拷問や非人道的取り扱いは戦時であれ平時であれ絶対的に禁止されていることを確認し、最近になって多くの拷問が明るみに出たこと、および拷問を正当化しようとする発言が見られたことに警鐘を鳴らした上で、二〇〇三年一月四日に署名のために公開された拷問等禁止条約選択議定書が発効することを期待し、人権委員会の拷問問題特別報告者の活動に期待し、すべての国家が拷問等禁止条約とその選択議定書を批准するよう呼びかけ、拷問を予防するためのメカニズムを備えるよう呼びかけている。言うまでもないことだが、この決議に至る審議過程では、グアンタナモ収容所とアブグレイブ収容所の実態が最大の話題であった。[23]

決議四「汚職が人権の完全な享受、とくに経済的社会的文化的権利に与える影響」は、二〇〇二年以来のこのテーマについての検討過程を振り返った上で、クリスティ・ムボノ特別報告者に感謝を表明し、汚職防止のためのメカニズムを備えること、汚職防止条約を批准して国内法化するよう呼びかけ、メディアやNGOなど市民社会にも防止のための活動を呼びかけ、人権高等弁務官事務所やILO（国際労働機関）にも協力を要請している。

決議五「経済的社会的文化的権利に関する国際規約第二条二項における非差別の研究」は、作業報告書を提出したエマヌエル・デコー委員を特別報告者に任命することにし、このテーマの研究を深めて次回報告書を提出するよう要請している。

刑事司法と戦争犯罪

決議二一「テロリズムと人権」は、一九九三年のウィーン世界人権会議以来の議論の過程を振り返った上で、テロは民主主義と市民社会への挑戦であるとし、すべての国家に人権と基本的自由の保障を強調し、対テロ施策は国際人権法に合致していなければならないとし、カリオピ・クーファ特別報告者の最終報告書に感謝を表明し、国連人権高等弁務官事務所にクーファ報告書を印刷・普及するよう要請し、国連事務総局にクーファ報告書を国連ウェブサイトに掲載するよう要請し、経済社会理事会にクーファ報告書を出版するよう要請している。

決議二二「組織的強姦、性奴隷制および奴隷類似慣行」、決議二三「女性と少女の健康に悪影響を与える有害な伝統的慣行」は、長年にわたるこれらのテーマの研究を確認している。

決議二四「刑事司法制度における差別」は、二〇〇三年から始まった研究テーマだが、刑事司法制度における平等処遇、いかなる差別もなくすためのもっとも効果的な施策を研究し始めたライラ・ゼロウギ特別報告者の前年の報告書に感謝を表明し、次回に次の報告書を提出するよう要請している。

決議二五「軍事法廷または判事構成に一人以上の武装勢力を含む法廷による民間人への死刑適用」は、軍事法廷等による民間人への死刑適用は国際慣習法に違反することを確認し、軍事法廷等により民間人に死刑が適用された場合は独立公平な裁判所による再審理を行なうよう各国に呼びかけ、死刑存置国に対して民間人を軍事法廷等にかけないように促し、事実上の死刑廃止国に対して民間人を軍事法廷にかける法律の廃止を呼びかけ、各国に軍事法廷により民間人に死刑が科されるおそれのある国への送還・移送を拒否するよう呼びかけている。戦時刑法における死刑廃止を求める議定書を実現した欧州の委員が、戦時刑法の適用範囲を限定しようとして提案した決議である。アメリカの委員が反対したため、この決議だけは投票となり、賛成二〇、反対一で採択された。他の決議はすべて全会一致で採択されている。

決議二八「有罪を宣告されて刑の執行を終えた者に対する差別」は、被拘禁者処遇最低基準規則[24]、自由権規約、人種差別撤廃条約などに言及し、各国において前科者に対する公的差別や非公式的差別が実際に存在することに注意を向け、このことが貧困や差別をいっそう深刻なものにしているとし、刑事施設人口における少数者の比率が高いことに注意を向け、各国に前科者に対する差別の実態を調査するよう呼びかけ、小委員会としてこの問題を継続研究することにしている。

決議二九「性暴力犯罪について有罪／責任を認定することの困難性」は、作業報告書を提出したラコトアリソア委員を特別報告者に任命することとし、次回と次々回に報告書を提出するよう要請し、各国政府やＮＧＯに協力を要請している。ラコトアリソア報告書は、ドメスティック・バイオレンスやセクシュアル・ハラスメントなど平時における女性に対する暴力の訴追の困難性に関する研究である。

以上が人権小委員会の決議である。次に決定を紹介する。

法執行に関する決定

人権小委員会議題三は「法執行、法の支配、民主主義」をテーマとしている。「法執行」と訳したが「司法運営」とも訳されている。暫定議題の解説によると、ここでは「人権と緊急状態」「法執行に関する作業部会」「刑事司法システムにおける差別」「軍事法廷による法執行」「国際刑事裁判所」「死刑との関連での人の移送」「国際人権条約の普遍的履行」「刑事施設における女性」「民主主義の促進と統合」「性暴力犯罪の訴追の困難性」「重大性暴力行為の訴追」について議論することになっている。その他の主要な議題は、重大人権侵害を扱う議題、経済的社会的権利の議題、差別防止の議題である。

決定一〇一「議題三のもとでの法執行に関する作業部会の設置」は、人権小委員会会期中に作業部会を開くことを決めている。

決定一〇二は、「議題四のもとでの作業方法と多国籍企業活動の検討の作業部会設置」である。

決定一〇三「司法外、即決、または恣意的処刑」は、恣意的処刑はいかなる場合にも違法であると呼びかけている。

決定一〇四「発展の権利」、決定一〇五「食糧の権利と、その履行のための国際ヴォランタリ・ガイドラインの発展における進展」、決定一〇六「債務が人権に及ぼす影響」、決定一〇七「飲料水と衛生の権利」、以上の四つの決定は発展途上国の現状を反映した議論の重要性を意味している。

決定一〇八「不寛容が人権享受と実行に及ぼす影響」も採択された。

決定一〇九「テロリズムと闘う際の人権促進保護のためのガイドラインと諸原則」は、二〇〇三年の決議に基づいて提出されたカリオピ・クーファ特別報告者の「テロリズムと人権」に関する報告書[25]を検討して、テロリズムと闘う際の人権促進保護に関する原則とガイドライン、およびその注釈を二〇〇五年の人権小委員会において作成することにしている。

その他、決定一一〇「人権条約の留保」、決定一一一「人権と国際連帯」、決定一一二「人権とヒトゲノムに関する研究の予備報告」などがある。

人権侵害と補償

決定一一四「人権と非国家主体（行為者）」は、国際人権法のもとでの責任問題を包括的に検討するために、人権と非国家主体に関する作業報告書をビロ委員とモト委員が作成することにしている。議論の中では、具体的には、武力紛争時における武装勢力による国際法違反が取り上げられ、特に性暴力犯罪の責任追及の必要性が指摘されている。決定一一五「技術的協力」も採択された。

決定一一六「刑事施設における女性」は、二〇〇三年の決議に基づいて提出されたオコーナー委員の「刑事施設における女性」に関する報告書[26]を検討し、この問題をさらに深めるための追加報告書を提出するよう要請している。審議の中ではオコーナー報告書に感謝の表明がなされていたが、未決と既決を区別していないことや、世界的広がりのある情報収集が必要なことが指摘されていた。

決定一一七「刑事手続きにおける効果的補償の権利」は、刑事手続きにおける効果的補償について、シェリフ委員が二〇〇五年に作業報告書を提出するよう要請している。

決定一一八「人権法と国際人道法の関係に関するワーキング・ペーパー」は、ハンプソン委員が二〇〇五年に作業報告書を提出するよう要請している。特に、人権法と国際人道法の関係を考究し、その執行制度、国際人道法を国内的に履行する国家の責任の範囲、問題を国家の側と被害者の側の両方から検討することを求めている。

決定一一九「国家要員による人権侵害についての民事事件での実効的補償に関するワーキング・ペーパー」は、ハンプソン委員が二〇〇五年に国家要員による人権侵害についての民事事件における実効的補償の権利の国内法における履行について作業報告書を提出するよう要請している。

以上の三つの決定は、重大人権侵害の補償問題や、戦時組織的強姦・性奴隷制をめぐる議論の流れの延長線上にある。かつてファン・ボーヴェン報告書・ガイドラインが示され、人権委員会でもバシウニ報告書とガイドラインが出されている。民事と刑事の区別をしたうえで、詳細に検討するようである。

その他、決定一二〇「議題二に関連して議題一のもとでの決定」、決定一二一「人権小委員会の作業方法と報告書に関するワーキング・ペーパー」、決定一二二「二〇〇五年の人権小委員会作業部会の構成」がある。

第4節　刑事人権法専門家マニュアル

専門家マニュアル

国連人権高等弁務官事務所が、国際法曹協会（IBA）の協力を得て作成した国際刑事人権法専門家マニュアルが、専門家トレーニング・シリーズ第九冊として出版されている。正式名称は『司法実務（運用）における人権——裁判官、検察官、弁護士のための人権マニュアル』（国連、二〇〇三年）である。[27] A四判のバインダー綴じで、全一六章八八五頁の大部である。本文に先立つ目次だけで二四頁もある。

人権高等弁務官事務所の「はしがき」には、「独立した法律専門家は、人権保護において基本的な役割を果たす。独立した法律専門家は、国際人権法の擁護者であり、自国の司法過程において国際人権法が適切に履行され、権利を侵害された諸個人が国内で効果的な補償を受けられるようにする」のが任務であり、そのためのマニュアルとして、熟練者のガイドとして本書を編集したと書かれている。つまり、裁判官、検察官、弁護士といった専門家のマニュアルというよりも、裁判官、検察官、弁護士に対して教授する熟練専門家のためのガイドといったほうがわかりやすい。

本書の作成は、IBA人権局が起草作業を行なった。一九九六年以来、長期にわたる編集作業において、多くの組織と個人の協力を得ている。例えば、マルシア・クラン（ブリティッシュ・

コロンビア大学教授）、パラム・クマラスワミ（法律家の独立特別報告者）、ルイ・ジョワネ（元人権促進保護小委員会委員）、マンフレド・ノヴァク（拷問問題特別報告者）、ソリ・ソラブジェ（人権促進保護小委員会委員）など錚々たる名前が並んでいる。また、欧州評議会、国際裁判官協会、国際少年裁判官協会、国際法律家委員会、国際女性裁判官財団なども協力している。ＩＢＡ内部での編集委員会は、フィリップ・ターミンジス（クイーンズランド技術大学助教授）を委員長に、マイケル・カービィ（オーストラリア高裁判事）、フィン・リンゲム（ノルウェー）、エミリオ・カルデナス（アルゼンチン）、クリストフ・ハインズ（プレトリア大学教授）、キャロル・パターソン（香港大学助教授）が助言している。梓澤和幸（弁護士）もコメントしたと記録されている。

国際刑事人権論の概要

総頁数から推測できるように、これらの各章に平均五〇頁もの詳細な解説が当てられている。読者にとっては至れり尽くせりの人権マニュアルである。これほど大部のマニュアルを読みこなすのは大変であるが、実務家が必要な章を読むことを想定すればいいだろう。法科大学院の授業で使うにも水準が高すぎる。とはいえ、第一章から順に進めていけば法律家であれば十分理解しうるようにできているので、日本の法律家にとっても役に立つはずだ。

近年、裁判所においては、裁判官向けの研修に国際人権法を取り入れていると聞く。国際人権法に無理解の判決も散見されるが、中には国際人権法を積極的に適用した判決も出ている。

裁判官研修を単なる記念講演ではなく、本格的な刑事人権セミナーとしてはどうだろうか。裁判官だけではない。弁護士会でも本格的な刑事人権実務セミナーを行なう必要性は高い。同書を活用して、裁判実務に国際刑事人権の水準を取り入れていくには弁護士の役割が重要である。

同書各章では、まず、それぞれのテーマごとに関連する国際人権文書が示され、重要な条文が引用される。国際文書としては世界人権宣言、自由権規約、拷問等禁止条約。地域的文書としては欧州人権条約、米州人権条約、アフリカ人権憲章。そして、自由を奪われた者の権利保護に関する各種のガイドライン。その上で、条文解釈の判断例として、欧州人権委員会や米州人権委員会の判決、自由権規約委員会への個人通報に対する判断や一般的勧告、その他の条約委員会（拷問禁止委員会、子どもの権利委員会、女性差別撤廃委員会、人種差別撤廃委員会など）の勧告などが豊富に引用されている。自由権規約委員会や欧州人権委員会の判断例はすでに紹介されてきたものも多いが、刑事手続きの全体にわたってこれだけ総合的に整理されている文献は多くない。欧米では国際刑事法のテキストや研究書も相次いで公刊されているが、それらと比較しても、同書は総合性と使いやすさという点では群を抜いている。同書をもとに日本の刑事司法の再点検を行なう必要がある。

付録として全文を収録したＣＤが付いているほか、人権高等弁務官事務所のウェブサイトにも全文が掲載されている。

人権と逮捕

『国際刑事人権法専門家マニュアル』の第五章「人権と逮捕、公判前拘禁及び行政拘禁」をごく簡潔に紹介しておこう。ここでいう国際刑事人権法は、すでに存在する国際人権条約に基づき、国際的に確認されている原則や基準を意味するものであり、特別高い人権水準を意味するものではない。

第五章は全一〇節から成るが、その中心は第四節「不法逮捕拘禁」であり、全五三頁のうちほぼ半分の二七頁を占めている。

第一節「序説」は、本章が逮捕や拘禁に関する国際人権法の基礎的基準の分析を行なうことを示す。第二節「合理的理由のない逮捕と拘禁――持続する問題」は、恣意的自由剥奪や不法な自由剥奪が重大人権侵害であり、国内司法における救済を受ける権利があることを確認する。第三節「人身の自由と安全の権利――法的保護の適用領域」は、国際自由権規約第九条一項、アフリカ人権憲章第六条、米州人権条約第七条一項、欧州人権条約第五条一項や、国際司法裁判所の見解を引証して、人身の自由がすべての国家に課せられた法的責任であり、人身の安全は国家の作為責任であることを強調している。

不法逮捕拘禁

第四節「不法逮捕拘禁」では、まず人権基準として右の各条文を全文引用する。続いて、不法性と恣意性の意義を確認する。自由権委員会の判断例によれば、国内法において明文で規定されていない理由による逮捕拘禁（マクローレンス対ジャマイカ事件）がそれであり、逮捕状によらない逮捕も含まれる。恣意的逮捕の要件は、不適切、不正義、予告の欠如、適正手続きの欠如である（ムコン対カメルーン事件）。適法な逮捕は、合法性だけでなく合理性と必要性が求められる（アルフェン対オランダ事件）。恣意性の禁止は、もちろん自由剥奪が差別に動機づけられてはならないことを含む。起訴もせず、保釈の可能性もない拘禁も恣意的拘禁となることがある。

次に、知られざる拘禁、誘拐、失踪が取り上げられる。告知のない知られざる拘禁、つまり秘密のうちに行なわれる拘禁は、人身の自由の完全な否定である。

さらに有罪判決後の拘禁については、欧州人権条約第五条一項ａの「資格のある裁判所による有罪判決後の適法な拘禁」の解釈が示される。当然のことながら、資格のある裁判所による不合理、予見可能性のない、均衡性のない身柄拘束である。

次に、身柄拘束のもっとも普通の正当化理由である犯罪を行なったという合理的な疑いに基づく逮捕について、自由の原則ゆえに拘禁が例外的であるべきことを確認している。欧州人権裁判所は、逮捕が嫌疑の合理性に基づいていなければならないことが、恣意的逮捕からの保護の不可欠の一部であるとし、合理的な嫌疑の存在は、その者が罪を犯したかもしれないということを客観的な観察者に確信させる事実や情報が存在することを前提とするが、その判断はすべての状況を考慮にいれてなされてもよいとしている（フォックス・キャンベル・ハートレー対イギリス事件、欧州人権裁判所）。

自由権委員会は、国際自由権規約第九条一項が行政拘禁にも適用されることを確認している。ここでは教育的監督目的のための自由剥奪、精神的健康を理由とする自由剥奪、難民認定申請者の自由剥奪、引渡・送還のための自由剥奪、予防拘禁などが取り上げられている。

拘禁と手続き

逮捕拘禁の理由の迅速な告知を受ける権利は、国際自由権規約第九条二項、米州人権条約第七条四項、欧州人権条約第五条二項に規定されている。自由権委員会によると、これは逮捕された者に自己の拘禁の適法性について資格のある司法官憲に迅速な判断を求めることができるようにするための権利である（キャンベル対ジャマイカ事件）。破壊活動と関係があると思われるという理由では十分ではなく、法律のもとで犯罪とされている破壊活動を行なった疑いが説明されなければならない（カーバラル対ウルグアイ事件）。思想の自由や表現の自由に関連する事件では特に重要である。

自由権委員会は理由告知に七〜八時間を要しても自由権規約違反ではないとした。迅速な告知がなかったが、現に弁護人と面会できていた場合も違法とはされない（マッタガート対ジャマイカ事件）。

欧州人権裁判所は、テロリストであるとの嫌疑で逮捕したことだけを告知しても不十分であるが、取調べに際して、なぜテロリストであると疑われたかの理由を告知すれば十分であるとした（フォックス・キャンベル・ハートレー事件）。

裁判官の前に迅速に引致される権利は、国際自由権規約第九条三項、米州人権条約第七条五項、欧州人権条約第五条三項に規定されている。迅速の意味については、自由権委員会はケース・バイ・ケースの判断を行なって、二、三日を超えてはならず（ステフェン対ジャマイカ事件）、四日間の遅延は規約違反（フリーマントル対ジャマイカ事件）であり、死刑事件での一週間後の引致は規約に合致しない（マクローレンス対ジャマイカ事件）とした例がある。

合理的期間内に裁判を受けるか保釈される権利は、無罪の推定および例外的措置としての自由剥奪という観点での合理的な保護である。自由権委員会は合理的期間についても事件毎に判断している。判断の要素は、逃走の危険性、重大犯罪関与の嫌疑、再犯の危険、公共秩序侵害であるが、これらを法の支配による民主的社会にふさわしく解釈することが求められる。

迅速な裁判を受ける権利も取り上げられているが、そこでは武器対等の原則や、拘禁の合法性に関する定期的審査の必要性が確認された上で、迅速性（遅滞なく）の解釈が示されている。

以上ごくごく簡潔に紹介したにとどまる。マニュアルらしく、国際人権条約の条文を確認し、その条文に関する自由権委員会や欧州人権裁判所の解釈を紹介して、概念の意味内容を提示していく丁寧な作業が行なわれているので、国際刑事人権法の現在の水準を理解するのに非常に便利である。

第5節　拷問等禁止条約選択議定書

選択議定書採択

国連経済社会理事会は二〇〇二年七月二四日、拷問等禁止条約選択議定書を賛成三五、反対八、棄権一〇で採択した[28]。

議定書を批判するアメリカが、対抗する修正案を出して採択阻止に動いたが、こちらは賛成一四、反対二九で否決された[29]。

報道によれば、自国中心主義を強めているアメリカが、今回も強硬姿勢を打ち出したが、関係諸国の支持をとりつけることはできなかったとされる。

この日の採択を受け、選択議定書は国連総会での審議にかけられ、後述するように賛成多数で採択された。

選択議定書は、拘禁されている人間を拷問などから守るため、外部の人間が定期的に刑務所などの刑事施設等を訪問することを認める内容を含んでいる。アメリカは、外部の人間がアメリカの刑務所に入ることを認めたら主権侵害になると反発し、審議継続を促す修正案を出していた。毎日新聞記事には「米国による海軍基地でのタリバンやアルカイダ・メンバーの拘束に影響が及ぶことを懸念したのではないか、との見方もある」と指摘がある。デンマークなど欧

州諸国の代表は「米国案は選択議定書つぶしを狙ったものだ」と反発していたという。(30)

採択に至る経過

拷問等禁止条約は、一九八四年に国連総会で採択され、一九八七年に発効した。米国を含む一三〇カ国がすでに批准している。日本政府は一九九九年に批准した。

条約は拷問を定義し（第一条）、全面的に禁止し（第二条）、拷問を受けるおそれのある者の追放・送還を禁止し（第三条）、すべての拷問を国内法で犯罪として処罰するよう求めている（第四条）。さらに実施措置として、拷問禁止委員会を設置し（第一七条）、締約国に報告書の提出を求め（第一九条）、拷問があるという情報についての調査を行なうことにしている（第二〇条）。また、拷問被害に関する個人通報制度を設けている（第二二条）。日本政府は条約批准にあたって第二二条の受諾を留保している。

その後、条約の補強のために選択議定書の採択を求める声が出たため、一〇年にわたって審議が続けられてきた。というのも、拷問は政府機関によって行なわれたり、政府機関の黙認の下に行なわれることが多いため、政府が拷問の事実を隠蔽したり、報告しなかったりすることがある。条約の精神を活かして拷問を根絶するためには、各国の自主的な報告に委ねるだけでは決して十分とはいえず、国際的な監視制度を充実する必要がある。

一九九二年三月三日の国連人権委員会は、コスタリカが前年に提出した拷問等禁止条約選択議定書検討作業部会を設置するという決議を基礎として、作業部会を設置する決議をした。作業部会は二〇〇一年の人権委員会にいったん選択議定書草案を提出したが、さらに検討を継続して、二〇〇二年の人権委員会に最終草案を提出した。[31]

選択議定書は作業部会における一〇年の議論を経て、二〇〇二年四月二二日、国連人権委員会五八会期に提出され審議された。決議は次の四項目である。

第一に、選択議定書検討作業部会報告書を歓迎する。第二に、選択議定書本文を採択する。第三に、選択議定書はできるだけ早期に署名・批准・加盟できるよう早期に公開されるべきであると勧告する。第四に、同旨の決議文を経済社会理事会が適用するように勧告する。

この決議は、賛成二九、反対一〇、棄権一四で採択された（人権委員会決議二〇〇二／三三）。

この決議に基づいて冒頭の経済社会理事会決議が採択された。決議採択について、メアリ・ロビンソン国連人権高等弁務官は、経済社会理事会が、国連総会がこれを採択するよう勧告したことを歓迎して、「拷問その他の取扱いや刑罰を予防するための新しい国際メカニズムの設立に向けた重要な一歩である」とし、国連総会がこのメカニズムを実現するように希望を表明している。[32]

報道ではアメリカの対応に注目が集まっていたが、日本の投票行動を見ても、選択議定書の採択を阻止する動きは一貫している。日本政府は条約を批准したのに、報告書の提出を遅らせるなど、その姿勢には極めて大きな疑問がある。

基本原則

選択議定書は全七部三七条から成る。

第一部は議定書の基本原則を掲げている。議定書の目的は、拷問等を防止するために、自由を奪われた者がいる場所に、独立の国際機関や国内機関が定期訪問する制度を作ることである（第一条）。拷問等禁止委員会の拷問防止小委員会が設置され、議定書が設定する機能を果たす。防止小委員会は、国連憲章の枠組み内で活動し、国連憲章の目的と原則、および関連する国連の規範に従うものである。防止小委員会は、秘密保持、公平、非選択、普遍性、客観性の原則に従う。防止小委員会と議定書締約国は議定書の実施について協力する（第二条）。

締約国は、拷問等の防止のために、国内の訪問機関を設置、選定、維持する（第三条）。締約国は、議定書に従って、防止小委員会および国内の訪問機関に、自由を奪われた者がいる場所への訪問を認める。それが当局の命令による場合も、当局が同意したり黙認している場合も含む。この訪問は、必要な場合には、自由を奪われている者を拷問等から保護する観点で実施される。議定書における「自由の剥奪」とは、公的施設であれ私的施設であれ、人を拘禁・収容するすべての形態を含む（第四条）。

防止小委員会

第二部は防止小委員会の設置を規定する。防止小委員会は一〇人の委員から成る。議定書批准国が五〇を超えれば委員は二五人に増員される。委員は高潔な性格を持ち、司法、特に刑法、刑事施設、警察に関する専門経験を有する者から選出される。委員構成については地域バランス、法制度のバランス、ジェンダー・バランスを考慮する。同じ国籍の者が二人なることはできない。委員は個人の権限で職務を行ない、独立かつ公平でなければならない（第五条）。

締約国は委員候補を二人推薦する。委員候補は締約国国籍者であり、二人のうち一人はその国民でなければならないが、同一国籍者を二人推薦はできない。他国籍者を推薦する場合にはその政府の了解を得る（第六条）。委員の選挙は地域バランス等を考慮した上で、議定書発効後六カ月以内に最初の選挙を行なう。秘密投票である（第七条）。委員が死亡したり辞任したり職務を遂行できなくなった場合、他の候補者を推薦して選出を行なう（第八条）。任期は四年であり、再任を妨げない。最初の選挙の当選委員の半数は任期が二年である（第九条）。事務局も二年任期で選出される。防止小委員会の手続き規則は委員会が策定する（第一〇条）。

防止小委員会の任務

第三部は小委員会の任務を規定する。小委員会は拘禁場所を訪問し、自由を奪われた者を拷問等から保護するのに関連する締約国に勧告を行なう。それには締約国に国内防止機関設置を援助すること、国内防止機関と連絡をとって訓練や技術援助を行なうこと、拷問等からの保護を強化するよう援助することが含まれる。国連の関連機関、国際機関、地域機関、国内機関と連携して拷問防止の協力をする（第一一条）。小委員会の任務を遂行できるようにするために、締約国は、小委員会を受け入れ、拘禁場所へのアクセスを保障する。すべての関連情報を小委員会と共有する。小委員会と国内防止機関との連絡を促進する。小委員会の勧告を検討し、可能な実施措置について協議する（第一二条）。小委員会の任務を遂行するために、小委員会は定期訪問計画を策定する。小委員会は協議の後に遅滞なく訪問を実施するために調整を行なう。訪問には少なくとも委員二人が参加する。必要に応じて委員以外の専門家を伴うことができる。締約国は自国の専門家を五人以上提案することはできない。定期訪問の後に必要があれば短期のフォローアップを行なうことができる（第一三条）。

締約国は小委員会に拘禁場所への無制約の立ち入りを認め、拘禁等に関するすべての情報を提供し、すべての施設への立ち入りを認め、自由を奪われた者に立会いなしで質問する機会を保障する。訪問する施設は小委員会が選択する（第一四条）。小委員会と連絡をとったことを理由にいかなる制裁も命じられてはならない（第一五条）。小委員会は、締約国に勧告を行なう。勧告公表に際して、締約国が要請すれば締約国のコメントを一緒に公表する。本人の同意のない場合に個人情報を公表してはならない。小委員会は拷問禁止委員会に年次報告書を提出する。締約国が協力を拒否した場合、拷問禁止委員会はその事実を公表する（第一六条）。

国内防止機関

第四部では小委員会とは別に各国の国内機関の設置も規定されている。締約国は拷問等の防止のために議定書批准後一年以内に独立の国内防止機関を設置する。防止機関は議定書の規定に合致したものとなる（第一七条）。締約国は国内防止機関およびそのメンバーの独立性を保障する。締約国は国内防止機関のメンバーの必要に応じた措置を講じる。ジェンダー・バランスをとり、民族的少数者の代表も入れる。締約国は国内防止機関に必要な情報を提供する（第一八条）。国内防止機関は、自由を奪われた者の処遇を定期的に調査し、処遇条件の改善と拷問防止のために勧告をし、現行法や法律案について意見を提出する権限を保障される（第一九条）。国内防止機関が任務を遂行できるように、締約国は関連するすべての情報へのアクセス、拘禁施設への立ち入り、自由を奪われている者に立会いなしで質問する機会を保障する。訪問する施設は防止機関が選択する。防止小委員会と連絡し、情報を提出することができる（第二〇条）。防止機関と連絡をとったことを理由にいかなる制裁も命じられてはならない。防止機関が収集した情報は秘密とされ、個人情報を同意なしに公表することはできない（第二一条）。締約国は国内防止機関の勧告を検討し、対話を行なう（第二二条）。締約国は国内防止機関の年次報告書を公表・配布する（第二三条）。

第五部は宣言規定である。締約国は締約に際して議定書の履行を三年遅らせる宣言をする事ができる（第二四条）。

第六部は財政規定である。防止小委員会の支出は国連が負担する。必要な職員や施設も国連が負担する（第二五条）。別に国際機関、NGOの拠出による特別基金を設置する（第二六条）。

第七部は最終条項である。署名手続き（第二七条）や、議定書発効には二〇ヵ国の批准を要すること（第二八条）などが規定されている。議定書は留保を認めない（第三〇条）。

議定書採択

二〇〇二年一二月一八日、国連総会は拷問等禁止条約選択議定書を採択した。賛成一二七、反対四、棄権四二である。圧倒的多数の支持による採択といえよう。(33)

議定書は、独立の国際・国内の専門家が締約国の拘禁施設を定期的に訪問することを可能にする。訪問の目的は、自由を奪われた人々の処遇や拘禁施設の状態をチェックし、改善のための勧告を出すことである。締約国は、その訪問実現に協力し、提言を履行するよう求められる。

議定書は、予防対策に焦点を置いているものであり、国連の人権擁護システムとしては画期的なアプローチをとっている。また議定書は、予防のための国際努力と国内努力の間の相互補完的な関係を作り上げた。国際的な人権条約としては初めてのことである。

議定書は、二〇〇三年一月から署名が開始され、二〇ヵ国の批准があった二〇〇六年六月に発効した。

アムネスティ・インターナショナルなどのNGOは直ちに歓迎アピールを出した。

「NGOはこの特筆すべき機会に、国連加盟国の多数と、とりわけ選択議定書の主要な発案国であるコスタリカの甚大な努力、そして中心的に同議定書を支持してきたスイスを祝したい。……同議定書は、あらゆる地域の多くの国から支持を受けた。残念ながら、米国、ナイジェリア、マーシャル諸島、ベラウ共和国の四カ国が反対票を投じた。議定書は選択的なものであり、国家を糾弾するよりはむしろ支援するために作られていることを考えると、これらの国ぐにがとった立場は遺憾である」。

日本は棄権

日本政府は、二〇〇二年四月の国連人権委員会、七月の経済社会理事会、一一月の国連総会第三委員会では議定書に反対投票をしていたため、総会でも反対投票するのではないかと予想されたので、NGOは、賛成投票するよう外務省に要請行動をしていた。

結局、日本政府は棄権した。アムネスティ・インターナショナル日本は次のように述べている。

「本会議での採択後、日本政府は今回の棄権の理由として採択までの手続きで憂慮すべき点があったことを挙げ、将来の人権条約の交渉プロセスが改善されるよう求めた。その一方で日本政府は、拷問防止に向けた積極的な関与と査察訪問メカニズムを有効なものにするための意思も表明した。……日本政府が国連総会本会議において本議定書の採択を棄権したことはたいへん残念であった。しかし、同時に、日本政府が拷問防止に取り組む積極的な意思を表明したことを、アムネスティ日本は歓迎する。そして、日本政府が来る二〇〇三年一月、速やかに選択議定書に署名し、批准の手続をとり、国連総会で示した拷問防止に向けた積極的な意思を具体化するよう強く求めるものである」。

名古屋刑務所事件が衝撃を与えたように、日本の拘禁施設における人権侵害は深刻である。拘置自白の強要や拷問など代用監獄の弊害は八〇年代から国際的に厳しい批判を受けてきた。拘置所や刑務所における人権侵害も九〇年代以降、やはり国際的に取り上げられてきた。ヒューマン・ライツ・ウオッチの報告書や、国連人権委員会のロドリー拷問問題報告書が典型である。外国人収容センターや精神医療施設にも様々の問題がある。

ＮＧＯの監獄人権センターは、日本政府の姿勢を厳しく批判している。

「日本政府は、一九九一年から設置された国連人権委員会作業部会の選択議定書起草委員会に代表を派遣し、一〇年以上にわたって議定書の内容について議論し、検討を重ねてきた。にもかかわらず、本年七月および一一月に同議定書に反対票を投じ、一二月一八日には棄権票を投じた。こうした日本政府の投票行動は、およそ一貫性がなく自立した人権尊重の政策を欠き、国際的な拷問防止の取り組みを妨害するものともとられかねないものである。そればかりか、国内において拷問をしないという明確な意思に欠け、外部からの査察を避けようとしていると疑われかねない、国際的にも国内的にも、きわめて恥ずべきものである」。

拷問の温床として名高い代用監獄を恒久化させる法律を制定した日本政府が、拷問等禁止条約選択議定書に前向きになるのはいつのことであろうか。

拷問等禁止条約に従った日本政府報告書の審査が二〇〇七年に始まる。自由権規約に基づく日本政府報告書の審査とともに、NGOは日本の情報を国際社会に届けていく必要がある。

註

（1） E/CN.4/2003/68/Add.1.

（2） 国連人権委員会は、国連憲章に基づいて経済社会理事会のもとにおかれた委員会で、六〇年にわたってジュネーヴの国連欧州本部で開催された。国連加盟国から選挙で選ばれた各国が委員となった。国際的な関心事項である世界の人権状況について調査したり、国際人権規約、女性差別撤廃条約、拷問等禁止条約などの国際人権条約の草案を作成してきた。人権委員会には、委員国だけでなく、すべての国連加盟国、多数の国際機関代表、およびNGO代表がオブザーバーとして参加することができ、本会議において発言することも認められてきた。二〇〇六年三月、国連は、人権委員会を安全保障理事会や経済社会理事会と同格の「国連人権理事会」に格上げすることを決めたため、二〇〇六年三月に開かれた国連人権委員会六二会期が最後の会期となった。人権理事会は二〇〇六年六月から活動を開始した。

（3） 前田朗『刑事人権論』（水曜社、二〇〇二年）三〇七頁以下。

（4） ロドリー報告書については、前田『刑事人権論』前註四九頁以下。

（5） 厳正独居（隔離拘禁）とは、自由刑などの身柄拘束刑の執行に際して、他の受刑者から隔離して、昼夜単独で個室に収容し、他者とのコミュニケーションを厳しく制限する方法をいう。長期にわたる厳正独居は、他者とのコミュニケーションを阻害し、人格権を侵害する。日本では一〇年を超える異常な厳正独居が繰り返されている。

(6) 刑事施設の被収容者が外部社会と接触することを外部交通という。ラジオ、テレビ、新聞、図書雑誌の閲読、面会、信書の発受、電話電報の利用なども含まれる。これらの制限は、表現の自由、通信の秘密、幸福追求権など基本的人権に関連するが、従来の日本の刑事施設では当局の裁量によって大幅に制約してきた。

(7) 革手錠とは、胴体を縛りつける革ベルトと、手首を繋ぐ金属手錠の組み合わせによって身体の自由を厳しく制約する独特の手錠である。革ベルトを腹部に締めつけたり、金属手錠を併用することで傷害を負うこともあり、非人道的で人権侵害の手錠と批判を受けてきた。法務省は革手錠の使用には問題はないと強弁してきたが、名古屋刑務所事件において受刑者が死亡したこともあり、二〇〇三年から革手錠の使用を中止した。

(8) 国際自由権規約とは、一九六六年に国連総会で採択された「市民的政治的権利に関する国際規約」の略称である。社会権規約（経済的社会的文化的権利に関する国際規約）とともに国際人権規約と呼ばれ、国際人権法の柱である。一九四八年の世界人権宣言が「宣言」にとどまったのに対して、国際人権規約は国際条約として批准の対象となり、批准した諸国には報告書提出義務などが課せられる。一九七六年に効力を発生した。日本は一九七九年に批准した。自由権規約に基づいて自由権委員会が設置され、批准した各国の定期報告書の審査を行ない、人権状況の改善のための勧告を出す。

(9) 拷問等禁止条約とは、一九八四年に国連総会で採択された「拷問及び他の残虐な、非人道的な又は品位を傷つける取扱い又は刑罰に関する条約」の略称である。一九八七年に効力を発生した。日本は一九九九年に批准した。条約に基づいて拷問禁止委員会が設置され、批准した各国の定期報告書の審査を行ない、拷問根絶のための勧告を出す。
（10）E/CN.4/2004/56 and Add.1.
（11）刑事立法研究会『刑務所改革のゆくえ』（現代人文社、二〇〇五年）。刑事立法研究会のウェブサイトは http://www.law.ryukoku.ac.jp/~ishizuka/
（12）刑事立法研究会『代用監獄・拘置所改革のゆくえ』（現代人文社、二〇〇五年）。
（13）人身の自由とは、精神的自由、経済的自由とともに自由権の内容をなす、身体の自由である。日本国憲法は、適正手続き（第三一条）、逮捕・捜索に関する令状主義（第三三条、第三五条）、弁護人依頼権（第三四条）、公平な裁判所による公開裁判（第三七条）などを保障している。
（14）被疑者・被告人は、有罪を宣告されるまでは無罪の推定を受け、無罪の市民として扱われなければならない、とする法理。刑事裁判では、検察官が合理的な疑いを超える証明をする挙証責任を有し、「疑わしきは被告人の利益に」という原則が導き出される。
（15）一九五〇年の欧州人権条約および議定書は、国際人権規約と同様の内容を基礎に、さらに詳細な人権規定と手続きを設けている。特に欧州人権裁判所に権限が与えられており、欧州人権条約の解釈適用が多数なされているので、国際人権規約の解釈にとっても参考になる場合が少なくない。
（16）日本の刑事実務では、身柄を拘束されている被疑者が、取調室に出頭した上で、そこに留まって捜査官による取調べを受け続ける義務があるという解釈が強行されている。被疑者には黙秘権（憲法第三八条第一項、刑事訴訟法第一九八条第二項）があるので、供述をする義務ではないが、取調べを受け続ける義務があるという。身体的物理的強制をもたらす憲法違反の解釈実務である。
（17）『法学セミナー』六一八号（二〇〇六年）。
（18）立川反戦ビラ事件については、立川・反戦ビラ弾圧救援会編著『立川反戦ビラ入れ事件』（明石書店、二〇〇五年）、内田雅敏『これが犯罪？「ビラ配りで逮捕」を考える』（岩波ブックレット、二〇〇五年）。

立川・反戦ビラ弾圧救援会　http://www4.ocn.ne.jp/~tentmura/index.htm

（19）国連人権小委員会とは、国連人権委員会の下部機関としての専門家委員会であり、当初は「差別防止少数者保護小委員会」と称していたが、二〇〇〇年の改革によって「人権促進保護小委員会」となっていた。国連加盟国による選挙で選ばれた二六人の専門家（多くは法律学者、弁護士、外交官経験者など）によって構成された。人権委員会からの委任を受けて、国際人権に関するガイドラインや各種の文書の研究を行ない、提言を続けてきた。二〇〇六年の人権委員会改革、人権理事会の発足のため、従来の人権小委員会の活動は終了した。

（20）自由権規約第一選択議定書とは、一九六六年に国連総会が採択した「市民的政治的権利に関する国際規約の選択議定書」の略称である。一九八九年に国連総会で第二選択議定書（通称、死刑廃止条約）が採択されたので、ここでは第一選択議定書と呼んでいる。自由権規約が政府報告書の審査を定めるのに対して、第一選択議定書は、人権侵害の被害者個人が条約に従って委員会に訴える手続きを定めている。日本は選択議定書を批准していない。

（21）決議二〇〇三／一（飲料水と衛生の権利実現の促進）、二（腐敗と、腐敗が人権、特に経済的社会的文化的権利の完全な享受に与える影響）、三（奴隷制の現代的諸形態に関する作業部会の報告書）、四（人権と生命倫理）、五（国連人権教育の一〇年）、六（テロリズムと人権）、七（有罪判決を受けて刑期を終えた者に対する差別）、八（軍事法廷による法執行の問題）、九（食糧の権利、およびその履行のための国際任意ガイドラインの発展における前進）、一〇（国際刑事裁判所）、一一（死刑に特に言及したうえでの人の移送）、一二（経済的社会的文化的権利に関する国際規約第二条二項に含まれる非―差別の研究）、一三（極貧との闘いの文脈での現行人権規範と基準の履行）、一四（社会フォーラム）、一五（テロリズムと闘う措置が人権の享受に与える影響）、一六（国境を越えた法人や企業の人権に関連する責任）、一七（強制退去の禁止）、一八（家屋と財産補償）、一九（経済的社会的文化的権利に関する国際規約選択議定書）、二〇（腐敗の予防）、二一（非―市民の権利）、二二（労働と世系（門地）に基づく差別）、二三（少数者の権利）、二四（環境的理由による土地の消失が特に先住民の人権にもつ意味）、二五（国際人権条約の普遍的履行）、二六（組織的強姦・性奴隷制・奴隷類似慣行）、二七（奴隷制の現代的諸形態に関する国連任意基金）、二八（女性と少女の健康に影響を与える有害な伝統的慣行）、二九（先住民に関する作業部会）、三〇（世界の先住民の国際一〇年）。

(22) 決議二〇〇四／二（家屋および所有の補償）、三（社会フォーラムの時期）、六（飲料水と衛生の権利の実現の促進）、七（極貧と闘うための現行人権規範・基準の履行）、八（社会フォーラム）、九（自然資源に対する先住民族の永久主権研究最終報告書）、一〇（環境上の理由による国家その他の領土の消失、住民の人権、特に先住民族の権利に関する法的検討）、一一（紛争時における先住民族の保護）、一二（ハンセン病被害者と家族に対する差別）、一三（少数者の権利）、一四（世界先住民族の国際一〇年）、一五（先住民族に関する作業部会）、一六（作業方法と多国籍企業の活動の人権に与える影響）、一七（職業と世系（門地）に基づく差別）、一八（人権教育世界計画）、一九（奴隷制の現代的諸形態に関する報告）、二〇（奴隷制の現代的諸形態に関する国連ヴォランタリー基金）、二六（人権条約の普遍的履行）、二七（軍事法廷を通じた法執行問題）、三〇（法執行に関する作業部会）。

(23) 米軍は二〇〇一年一〇月にアフガニスタン侵略を行ない、タリバンなど関係者を身柄拘束し、キューバにあるグアンタナモ収容所に移送して、夥しい拷問を行ない、多くの人権NGOから批判を浴びた。また、二〇〇三年三月以後のイラク侵略に際しても、武装勢力・テロリストであると称してアブグレイブ収容所に拘束した捕虜に対して激しい拷問を加えたことが発覚した。この点につき、前田朗『侵略と抵抗』（青木書店、二〇〇五年）一三二頁。

(24) 被拘禁者処遇最低基準規則は、一九五五年にジュネーヴで開催された国連犯罪防止会議において決議された文書で、刑事施設に拘禁された者に対して最低限保障されるべき処遇の基準について示している。

被拘禁者に対する自由の制限は秩序ある共同生活を維持するために必要な限りで認められ、処遇は社会復帰を目的としたものでなければならない。条約ではないので法的拘束力はないが、今日では充足するべき国際的基準として認められている。

（25）E/CN.4/Sub.2/2004/40 and 47.

（26）E/CN.4/Sub.2/2004/9.

（27）全一六章の目次を掲げておこう。

第一章　国際人権法と法律専門家の役割：序論
第二章　主要な国際人権文書とその実施機構
第三章　主要な地域的人権文書とその実施機構
第四章　裁判官、検察官、弁護士の独立と公平
第五章　人権と逮捕、公判前拘禁および行政拘禁
第六章　公正な裁判を受ける権利：第一部　捜査から公判まで
第七章　公正な裁判を受ける権利：第二部　公判から最終判決まで
第八章　自由を奪われた者の保護のための国際法基準
第九章　司法実務における身柄拘束しない措置の利用
第十章　司法実務における子どもの権利
第十一章　司法実務における女性の権利
第十二章　その他の主要な権利：思想、良心、宗教、意見、表現、結社、集会の自由
第十三章　司法実務における平等と非差別の権利
第十四章　経済的社会的文化的権利の保護における裁判所の役割
第十五章　犯罪や人権侵害の被害者の保護と救済

(28) 賛成は、アンドラ、アンゴラ、アルジェリア、オーストリア、バーレーン、ベニン、ブラジル、ブルキナファソ、ブルンジ、チリ、コスタリカ、クロアチア、エルサルバドル、フィジー、フィンランド、フランス、グルジア、ドイツ、ガーナ、グアテマラ、ハンガリー、イタリア、マルタ、メキシコ、オランダ、ペルー、韓国、ルーマニア、南アフリカ、スペイン、スリナム、スウェーデン、ウガンダ、ウクライナ、イギリスである。
反対は、オーストラリア、中国、キューバ、エジプト、日本、リビア、ナイジェリア、スーダン。棄権は、ブータン、カメルーン、エチオピア、インド、ネパール、パキスタン、カタール、ロシア、アメリカ、ジンバブエである。イランは欠席した。

(29) 修正案の賛成は、オーストラリア、中国、キューバ、エチオピア、インド、イラン、日本、リビア、ナイジェリア、パキスタン、ロシア、スーダン、ウガンダ、アメリカである。修正案への反対は、アンドラ、アンゴラ、アルゼンチン、オーストリア、ベニン、ブラジル、ブルキナファソ、ブルンジ、チリ、コスタリカ、クロアチア、エルサルバドル、フィジー、フィンランド、フランス、ドイツ、ガーナ、グアテマラ、ハンガリー、イタリア、マルタ、メキシコ、オランダ、ペルー、南アフリカ、スペイン、スリナム、スウェーデン、イギリスである。棄権は、バーレーン、ブータン、グルジア、ネパール、カタール、韓国、ルーマニア、ウクライナ。カメルーンとジンバブエは欠席した。

(30) 『毎日新聞』二〇〇二年七月二五日参照。

(31) 拷問等禁止条約選択議定書の準備過程については、前田朗『刑事人権論』前掲註（3）六〇頁以下。

(32) 国連プレスリリース二〇〇二年七月二五日。

(33) 賛成には、デンマーク、フィンランド、フランス、ドイツ、ギリシア、イタリア、オランダ、ノルウェー、ポルトガル、スペイン、スウェーデン、スイス、イギリスなど西欧諸国の大半が含まれる。議定書づくりにイニシアティヴを発揮したコスタリカに加えて、アルゼンチン、アンティグア・バーブーダ、ボリビア、ブラジル、チリ、ドミニカ、エクアドル、エルサルバドル、グアテマラ、パラグアイ、ペルーなど中南米諸国も多い。ボツワナ、コンゴ、コンゴ民主共和国、ガーナ、ギニア、モロッコ、セネガル、南アフリカ、スワジランド、ウガンダ、ジンバブエなどアフリカ諸国も多数含まれる。アジアでは、インドネシア、カザフスタン、キルギス、モンゴル、韓国、スリランカ、タジキスタン、トルコの名が並ぶ。イスラエルも賛成である。反対は、アメリカ、ナイジェリア、マーシャル諸島、パラオ共和国（ベラウ）だけである。棄権は、アルジェリア、ブータン、中国、インド、日本、マレーシア、ミャンマー（ビルマ）、フィリピン、ロシアなどである。

第三章　刑事施設における人権

第1節　刑事施設改革の行方

名古屋刑務所事件

　名古屋刑務所事件の衝撃が、刑事施設改革を「促進」した。名古屋刑務所事件とは、刑務官の集団暴行によって受刑者三人が死傷したとされる事件である。①二〇〇一年一二月、消防用ホースで水を掛けて直腸裂傷を負わせ死亡させた、②二〇〇二年五月、腹部を革手錠で締め付け死亡させた、③二〇〇二年九月、腹部を革手錠で締め付け重傷を負わせた、の三件であり、関与した刑務官八人が特別公務員暴行陵虐致死や同幇助などの罪で起訴された。公判は三つに分離して進行した。そのうち①と③の事件で、幇助罪などに問われた一人は、二〇〇四年三月の判決で「懲らしめ目的」と認定され、懲役二年・執行猶予三年が確定した。ほかの七人の被告人は死亡原因や懲らしめ目的などについて争っている。

　本件では、当初、被害者の「自傷行為」であるかのように虚偽の発表がなされた。名古屋刑務所は看守を守るために事件の隠蔽を続けた。しかし、内部告発によって、看守による異様な暴力行為が次々と発覚した。[1] この点だけからも言えることがいくつもある。

第一に、刑事施設という秘密主義的な閉鎖空間の問題性である。刑事施設である以上、一定の閉鎖性は必要であるが、日本の刑事施設の密行主義はゆきすぎであり、異常であると、これまでも繰り返し指摘されてきた。

第二に、閉鎖空間における看守による暴力である。現実には受刑者による看守に対する暴力もあり、看守が一方的に暴力を加えているわけではない。とはいえ、看守による暴力も長期にわたって指摘されてきた。むしろ〈日本型行刑〉の特質ではないかとの指摘もある（日本型行刑については本章第3節参照）。

第三に、情報隠蔽と虚偽発表の根深い体質である。刑事施設が閉鎖空間であるとしても、施設内の情報公開の努力や、第三者機関によるチェック機能が働けば、これほどのことは起きないだろう。

改革の経過

刑事立法研究会編『刑務所改革のゆくえ――監獄法改正をめぐって』は、『入門・監獄改革』、『21世紀の刑事施設――グローバル・スタンダードと市民参加』に続く、刑事立法研究会の共同研究の成果である。(2)

戦後半世紀に及んだ監獄法改革はいったん頓挫し、刑事施設の閉塞と停滞を招いた。それはある意味では法務省改革派の挫折であったし、刑事施設改革を求めた民主的研究者にとっても、国際的に進展する刑事法理念と日本の現実との落差拡大への欲求不満の原因ともなっていた。それ以上に、施設職員にとって法と現実の乖離、宙吊りの職務の長期化による動揺の永続化と腐敗の進行であっただろう。名古屋刑務所事件はそうした膿を一気に噴き出させることになった。

そこで始まった「行刑改革会議」は従来に比較すれば前進した提言を送り出した。それでは刑事施設改革は「前進」することになったか。残念ながら、法務省にとって『行刑改革会議提言』はつまみ食いの対象でしかなかったのではないかとの疑問もある。

しかも、他方ではＰＦＩ（Private Finance Initiative）と呼ばれる「刑事施設民営化」が進行している。社会から閉ざされた刑事施設を特定企業には「開く」が、市民には閉ざしたままである。資本の論理を導入した民営化刑務所における収容者の人権はどうなるのか、重大な疑念も指摘される。また、性犯罪者などの被収容者に処遇プログラム参加を義務づける強要の提案も具体化しつつある。処遇理念を裏切ってでも上から押しつける発想である。

こうして刑務所改革が多彩な要因から動き始めている状況において、刑事立法研究会は、『提言』から「改革法」への進展を見据えながら『提言』の分析を行なった。さらに『提言』では取り上げられなかった論点についても検討を加えた。

従来と比較すれば前進との評価が可能な『提言』は、その前提認識として、社会状況の変化（右肩上がりの経済の終焉、事前規制から事後救済へなど）、収容環境の変化（治安情勢の悪化、国民意識の変化など）を整理したうえで、積極的な提案を試みている。治安情勢の悪化という認識など必ずしも是認できない面もあるが、それなりの識見が示されている。ところが『提言』は〈日本型行刑〉の組織的・構造的問題である担当制には踏み込んでいない。「中間報告」では言及していたのに、消えてしまった。名古屋刑務所事件の反省として「人権意識の欠落」と「担当制による処遇の限界」が指摘されたはずなのに、限界の意味が職員個々人の資質問題にすりかえられていった。

行刑の基本理念についても、受刑者のための改革（人間性の尊重）、刑務官のための改革（過剰負担の軽減）、市民参加のための改革（国民に開かれた行刑）などが提案されていた。しかし同時に「受刑者の社会からの隔離」を行刑理念として掲げている。これでは社会復帰の理念に反するし、国民に開かれた行刑は実現できない。

ここで想起するべきことは二〇世紀後半における処遇理念の変化である。七〇年代には「管理行刑から処遇行刑へ」がスローガンであったし、八〇年代からは「社会的援助」としての行刑が浮上してきた。一貫した社会的援助としての行刑をめざすべきであるのに、ヴェクトルが違っているように思われる。

刑事立法研究会は『提言』が触れている論点として、既決被収容者の処遇、人権救済制度（第三者機関）、矯正医療、職員の人権意識の向上、人的物的体制の整備などについて、研究会試案の観点から『提言』を検討し、より積極的な改革の必要性を訴える。さらに『提言』が触れていない論点として、仮釈放の現状と課題、ＰＦＩ構想（刑事施設民営化）、未決拘禁についての批判的検討を加えている。

二〇〇五年三月一一日に閣議決定された「刑事施設・受刑者処遇法案」が国会に上程され、かつての監獄法改革のようには話題ともならず事態は静かに進行していった。そして法案は『提言』をもとにしたというよりも、以前の刑事施設法案の焼き直しの面を有する。刑事立法研究会の座談会は、『提言』、法案、研究会試案の対比を踏まえた所見を示そうと努力した。『提言』はいかなる意味を有したのか。それ自体がなお議論の余地がある。果たしてつまみ食いに終わらない改革を継続させることができるのか。法案の行方次第では改革のエネルギーが消尽されてしまうおそれもあるという問題意識にたって、研究者としては『提言』の評価を積極・消極両面にわたって明らかにしておかなくてはならなかったからである。

刑事施設法

二〇〇五年五月二五日に成立した「刑事施設及び受刑者の処遇等に関する法律（以下、刑事施設法）」は、一年後の二〇〇六年五月に施行された[3]。監獄法の全面改正をめざした「監獄法改正作業」がいったん挫折したにもかかわらず、名古屋刑務所事件を口実に、そして『行刑改革会議提言』を隠れ蓑に作成された刑事施設法の最大の特徴は、被収容者の権利を引き上げるのではなく、施設側の管理を強化する「管理法」としての性格である。

刑事施設法第一条は「この法律は、刑事収容施設の適正な管理運営を図るとともに、被収容者、被留置者及び海上保安被留置者の人権を尊重しつつ、これらの者の状況に応じた適切な処遇を行うことを目的とする」としている。管理運営だけではなく、人権尊重が一応は掲げられているように見える。しかし、管理運営と人権尊重がいかなるバランスのもとに置かれているかを具体的に見る必要がある。

刑事施設法第二編第二章「刑事施設における被収容者の処遇」は、全一六節一三七カ条におよぶ詳細な規定を配備している。各節の標題は、①収容の開始、②処遇の態様、③起居動作の時間帯等、④物品の貸与等及び自弁、⑤金品の扱い、⑥保健衛生及び医療、⑦宗教上の行為等、⑧書籍等の閲覧、⑨規律及び秩序の維持、⑩矯正処遇の実施等、⑪外部交通、⑫賞罰、⑬不服申立て、⑭釈放、⑮死亡、⑯死刑の執行、である。

刑事施設収容に関する基本法として、収容の全体にわたる諸規定を整備したことによって、施設処遇の全体に法的根拠を定めた改正である。一世紀近くに及んだ監獄法から刑事施設法への転換は法務省にとっても長年の課題であったし、刑事法研究者の立場から見ても法改正の必要性は高かった。

しかし、改正の基本思想については大きな疑問がある。というのも、刑事施設法はその名称に端的に示されているように「施設法」であり「管理法」である。刑事施設における「人権保障法」ではない。「処遇法」としての一面を有するが、管理優先は隠しようもない。「刑事施設の長は……できる」「刑務官は……できる」といった「できる」規定が氾濫している。管理責任者の裁量こそすべてであるかのごとき法律である。

外部交通に関する規定を見ると、面会の立会い・録音（第一一二条）、面会における発言制止・面会一時停止（第一一三条）、面会に関する制限（第一一四条）が続く。信書の発受についても、発受を許す信書（第一二六条）、信書の検査（第一二七条）、信書の発受の禁止（第一二八条）、信書内容による差止め（第一二九条）、信書に関する制限（第一三〇条）などの制限規定がずらりと並ぶ。外部交通が被収容者にとっての人間的権利（自己表現・自己実現）であることの認識は低い。憲法や国際人権法の基準に照らしても疑問が大きい。

刑事施設法は、被収容者の人権保障をおざなりにしているだけではない。刑事施設職員の権利や教育についても十分な配慮がなされていない。閉鎖空間である刑事施設の現状をそのままにして、しかも過剰収容が続いている現実は、施設職員の労働者としての権利も危険に曝している。上からの管理統制の強化によって施設の規律と秩序を維持することは、職員のストレスを亢進させることでもあり、施設内の緊張を高めるだけであろう。

第2節〈資本主義刑罰〉——民営化と人権

近代自由刑の発展？

刑事施設民営化と人権の関連を問う著作、アンドリュー・コイル、アリソン・キャンベル、ロドニ・ニューフェルド編『資本主義刑罰——刑事施設民営化と人権』は、編者による序文と一七本の論稿を収録している[4]。ナイジェル・ロドリー元国連人権委員会「拷問問題」特別報告者のはしがき付きである。

〈資本主義刑罰（capitalist punishment）〉という直截的表現が用いられている。この表現は、第一に、死刑（capital punishment）との類比を想起させる表現でもある。死刑ではないが、死ぬほどひどい刑罰という暗喩でもあろう。第二に、近代自由刑研究史との関係でも重要な論点を孕んでいる。残虐な死刑や身体刑に対する代替刑としての理念的な自由刑（自由剥奪刑）が、一方では労働と規律をモメントとする近代市民社会編成原理に重なり合うとの理解の問題である。市民社会の解剖学としての経済学批判による資本の論理の分析が、刑事施設民営化問題に接点を持つとすれば、労働と利潤を基軸とする〈資本主義刑罰〉の論理を解析しうるであろうか。もしそうであれば、近代自由刑はいまようやくその全姿を顕わにしようとしていることになる[5]。

同書の目的は、刑事施設民営化以外のテーマについては膨大で多様な刑事施設研究が存在しているのに、民営化については比較的不足している現状を埋めることである。アメリカでは現在、民間企業所有または運営の刑事施設に一〇万人以上が拘禁されているが、この現象はアメリカに限られない。イギリス、オーストラリア、ニュージーランドにも見られる。ごく最近、カナダと南アフリカにも導入され、その他の発展途上国にも輸出されつつある。刑事施設民営化は一九八〇年代に遡るが、アメリカなど一部に限られていたのが、増加し始めた。

刑事施設民営化支持者は、民営刑事施設の積極的意義を主張している。民営施設は政府のコストを縮減し、被収容者によりよいサービスを提供し、施設周辺地域住民の安全を増大させると。同書全編を通じて、そうした主張に根拠がないこと、むしろ逆に、安全は減り、雇用水準が低下し、被拘禁者の人権保障も損なわれることを示す。

日本では、刑務作業の生産物を「ＣＡＰＩＣ」ブランドとして販売し、収益を得ている点では一部民営化がなされてきた。[6] ＣＡＰＩＣとは、財団法人矯正協会が運営している事業であり、矯正協会刑務作業協力事業の英文略称である。全国の矯正施設付近に常設展示場をもち、各地で販売会イベントを行ない、インターネット・ショッピングも可能である。

〈監産複合体〉

フィリップ・ウッド（クイーンズ大学講師）の論文「アメリカにおける刑事施設・産業複合体の台頭」によれば、刑事施設民営化は〈刑事施設・産業複合体〉の発展の一部であり、産業としてのアメリカ刑事司法制度の多面的な成長を示すのに使われる用語である。[7]〈刑事施設・産業複合体〉という表現は「軍産複合体」と類比的な表現であり、すでにマイク・ディビス（一九九五年）、スティーヴン・ドンジガー（一九九六年）、エリック・ロッケ（一九九六年）、アンジェラ・デイビス（一九九八年）、エリック・シュロッサー（一九九八年）などが用いてきた。略すと〈刑産複合体〉、ないし〈監産複合体〉となる。民営部門の増加は、この複合体に利益となる傾向の一つである。第一の傾向は刑事施設人口の急速な膨張である。第二は刑罰費用における私的利害の比重の増大である。第三は「刑罰の退却」である。民営化の増加率と刑罰の退却とを併せて考慮するべきである。これらの要に〈監産複合体〉の存在がある。社会統制手段としての寛容に向けての社会的精神的考慮の軽視、人種主義、リハビリテーションよりも処罰の重視という傾向である。それはニクソン政権時代の「法と秩序」政策、「南部戦略」に見られる。こうした傾向の分析の結果、ウッドは、経済発展モデルと社会統制の普及した諸形態の変質と一緒に顕著となったと見る。

クリスチャン・パレンティ（開かれた社会ソロス研究所上級研究員）「民営化問題――困難にある収益拘禁」は、アメリカにおける拘禁率は、国家による社会統制手段として拘禁者を雇用する運動の一部として増大し、人種や階級といった社会階層を分割し、維持する、とする[8]。刑事施設批判論者は、民営化の増大と、刑事施設労働の「新たな奴隷化」を非難するほどである。八〇年代と九〇年代、アメリカでは民営施設が増大したが、当初の期待に反して、民営施設は矛盾を増加させ、運営に対する抵抗を招いてきた。パレンティは民営施設における虐待の増加を列挙している。施設の経費を節約し収益をあげれば、処遇条件を落とし、人権を軽視し、職員の訓練不足や説明責任の低下など無数の安全問題を生じた。虐待の蔓延により、暴動や脱獄や自殺が増え、結局のところ経費が増大することになる。

ジェフ・シンデン（ヒューマン・ライツ・インターネット研究員）「刑事施設民営化の問題――アメ

リカの経験」によれば、民営化は西欧世界では決して新しい現象ではない[9]。中世イングランド、一七、一八世紀のアメリカにも存在した。それが後に政府の刑事施設に移転されたのである。一九八〇年代に民営化が再現したのは、拘禁の活用が〈過剰収容〉をもたらしたことへの反応である。拘禁増大は犯罪増加の結果ではなく、量刑政策の変化によるものであり、薬物対策や、「三振法」に代表されるタフな刑事政策の結果である。移民拘禁センターなども〈過剰収容〉に悩んでいるので、民間企業が受け皿として登場しつつある。典型的な場合、政府が民間企業と契約し、視察を通じて監督を行なうが、経費節減のために監督がおろそかになる。

〈過剰収容〉とは、単純にいえば、刑事施設の収容定員を超えて収容することである。しかし、それだけならば刑事施設を拡張して定員設定を大幅に増加させれば解決することになる。むしろ、厳罰政策の推進によって、必要以上の刑事施設を設置したり、多数の長期の被収容者をつくりだすことこそが〈過剰収容〉の意味となるだろう。

民営刑事施設の近代と現代の対照と、現代刑事政策における民営化の意味を追求することが必要になる。その問いは「国家刑罰権とは何か」を問い直すことにつながる。

処遇環境の悪化

刑事施設民営化が〈監産複合体〉の収益のために推進されている〈資本主義刑罰〉の具体的現象形態だとすれば、民営刑事施設を貫く原理は利潤であり、経費節減とならざるをえない。

それが同時に処遇条件の悪化につながり、様々な人権基準への抵触を招くことは見やすい道理である。コイル共編著『資本主義刑罰——刑事施設民営化と人権』は、民営施設の問題点を多面的に検討している。

ジュディス・グリーン（開かれた社会ソロス研究所研究員）「矯正サービスの欠落」によれば、拘禁は最善の条件下であっても問題を生じ、民間企業が関与する場合、厳密な調査のもとに置かれるべきである。(10) 一九九八年のミネソタ大学調査班による施設訪問と被拘禁者へのインタヴューに基づき、グリーンは、成人施設の民営化は、拘禁の効果だけではなく、施設の安全や公共の安全をも減らすという。民営施設では統制管理経費に努力が傾けられ、矯正経費が節減される。小都市郊外に建設された民営施設では、NPOが被拘禁者にヴォランティアのプログラムを提供することが困難になる。職員の経験は不足がちとなり、被拘禁者の分類を誤り、教育も不適切になる。それにもかかわらず民営化への支持が減少していない。欠落が民営化に伴うものであることが無視されているとする。

利潤追求と経費節減は意識的目的的に実行されているから、それに伴う処遇環境の悪化は織り込み済みの問題にすぎず、当事意識にとっては改めて省みる必要のない事態であるから、水準低下の指摘がただちに民営化の見直しにつながるわけではない。

民営化の見直しが生じるとすれば「外圧」によるしかないのではないか。人権NGOによるチェックが働くか、何らかの「事件」発生によって社会問題となるか、いずれかであろう。民営化の進行は被拘禁者全体に影響を与えるが、特に少数者や社会的弱者への影響が懸念される。

民営化の悪影響

アレックス・フリードマン（元「刑事施設法律ニュース」記者）「少年犯罪の経費――だが経費とは？」は、民営少年施設でも虐待が生じているという。[11] 訓練、賃金、職員の水準を落として経費を節減したいという動機があるからである。例えば、サウスカロライナのセンター職員による実力行使のいきすぎ、教育機会の剥奪、ルイジアナにおける精神医療の問題、アリゾナ少年農場における死亡事故、コロラドのセンターにおける不適切医療。少年施設における記録が貧弱であるにもかかわらず、民営施設は増加し続け、違法行為が新聞の見出しを飾り続ける。

マーク・エリック・ヘヒト（ヒューマン・ライツ・インターネット事務局長）とドナ・ハプシャ（ウィンザー大学法学部学生）「国際法と少年施設の民営化」も、カナダとイギリスの例をもとに、民営施設においては子どもの権利条約などの国際人権基準が守られていないと指摘する。[12]

他方、モニク・モリス（犯罪非行委員会上級研究員）「刑事施設民営化――アフリカ系アメリカ人逮捕の増加」によれば、アメリカでは百万人の黒人が拘禁されているが、〈監産複合体〉の進展に伴ってこの不均衡がいっそう進んでいる。[13] 奴隷制以来の歴史的傾向は今日も民営施設におけるアフリカ系アメリカ人の比率の多さと条件の劣悪さに引き継がれている。被害は壁の中に留まらず、コミュニティに戻ってからも続く。子どもは家族関係から切り離されるとしている。

また、キャサリン・ヴァン・ワーマー（北アイオワ大学教授）「刑事施設民営化と女性」は、このテーマの研究論文がこれまで存在しないことを指摘した上で、女性が刑事施設に入るとき、男性よりも多くの社会問題や健康問題を持っているが、民営施設は女性のニーズに応えていないとする。(14) 被拘禁女性は貧しく、教育を受けていないし、子どもを抱えていることが多い。もっともらしい「ジェンダー中立」の量刑政策のために女性は非暴力事犯でも拘禁されることが多い。全米の施設はどこでも国際法にも国内法にも違反し続けている。看守が女性でない場合も多い。男性看守による性暴力事件も多く報告されている。難民女性は市民権を持たないため、いっそう多くの困難に遭遇している。

フランク・スミス（刑事立法助言者、アラスカの少年保護司）「ネイティヴ・アメリカンの拘禁と民営施設」は、現状は先住民に対する差別と迫害の歴史の帰結であるとする。(15) ネイティヴ・アメリカンは不均衡に多く拘禁されている。政府の「皮膚の色にとらわれない」政策は逆に彼らの伝統や文化を損なう結果となる。宗教施設や故郷から切り離されることで、ヒーリング（癒し）の観念が損なわれる。民営施設にはこうした配慮がない。ネイティヴな正義の伝統に根ざしたコミュニティの中での支援こそ必要である。

同書ではさらに難民申請者の状況、民営施設における労働者の権利問題、矯正そのものの再編、南アフリカなど最近民営施設を導入した諸国の状況などを検証している。最後にアンドリュー・コイルは次のように述べている。(16)

民営化現象は拘禁の本質というより広い観点から切り離すことはできない。本書がアメリカの状況を重視したのは驚くに値しない。アメリカが拘禁を偏愛してきたことは、今日、二百万人もの拘禁がなされていることに示されている。市民の拘禁率は世界一であり、アメリカの人口は世界の五%にすぎないのに、被拘禁者は世界の二三%である。ルイジアナ、テキサス、コロンビアでは全人口の一%以上が拘禁されている。アメリカと他の民主主義諸国とは、この点で区別される。アメリカの拘禁率はさらに上昇の兆しを見せ、そこに民営施設を増加させる圧力が生じている。「安全な社会」が拘禁社会になってしまう理由は何なのかが問われなければならない。さらに、刑事施設人口におけるアフリカ系アメリカ人の比率に見られる不均衡や、被拘禁男女の心身の病気増加の問題も問われる必要がある。こうした中で民営化が段階的に進行し、一部民営化から施設全体の民営化へと至っている。被拘禁者が企業にゆだねられ、州（国家）が責任を担わない状況になっている。となれば株主の最終責任は免れない、と。

同書の民営化に関する分析にはうなずけるが、州（国家）運営の刑務所においてもコスト問題があり、処遇条件の悪化が生じていることを忘れてはならない。効率化と収益をめざす刑事施設である点では、州立刑務所も民営刑務所も変わらなくなっている。そこでは劣悪化の競争が続いていると言ってよいであろう。

日本のＰＦＩ構想

てみておこう。[17]

日本でも新しい民営化の動きが始まった。本庄武（一橋大学大学院専任講師）の整理に従って

『行刑改革会議提言』は「現在、法務省では、ＰＦＩ手法を活用した施設の整備、運営を推進する方針を採っており、……部分的な民間委託を行なうための検討を進めている」として、ＰＦＩ構想を評価していた。ＰＦＩ構想は行刑改革会議が提言したというより「法務省の方針を追認したものに過ぎない」。行刑改革会議の審議過程において、ＰＦＩ構想は突如として登場し、十分な審議もなされないままに、理由不明のうちに高い評価を与えられ、実施されることになった。

法務省『ＰＦＩ手法による新設刑務所の整備・運営事業基本構想』によると、例えば、山口県美祢市テクノパークに「美祢社会復帰促進センター」が設置され、男女それぞれ五〇〇名ずつを収容する。収容対象は年齢二六歳以上おおむね五五歳以下で、犯罪傾向が進んでおらず、初めて収容され、健康状態がおおむね良好で集団生活に順応できると思われる者である。「事業方式については、ＰＦＩ事業者が自ら資金調達を行い、施設を建設、所有し、事業期間にわたり維持管理、運営を行った後、事業期間終了時点で国に施設の所有権を移転するＢＯＴ（Build-Operation-Transfer）方式を採用する」。運営は民間職員と公務員が協力する「混合運営方式」で、刑事施設の管理に伴う行政責任は国が負い、刑罰権の行使に直接関わる業務については公務員

である刑務官が実施する。ＰＦＩ業者が行なう業務は、文書作成管理、食堂、給養（食事・衣料・寝具等）、清掃、備品管理、警備、夜間収容棟における処遇、刑務作業における技術指導、職業訓練、視聴覚・通信教育、健康診断等である。さらに、公務員の職務であるが、ＰＦＩ職員が支援を行なうものとして、施設参観、職員人事関係、金銭出納関係、護送・出廷、運動・入浴、教科教育、処遇類型別指導、分類調査、環境調整等があげられる。

ＰＦＩ構想の目的はいくつか示されている。小泉政権が推進した構造改革という名の規制緩和、民営化政策が根本にあることは言うまでもないが、本庄は「過剰収容状態やそれによる処遇環境の悪化等を速やかに緩和、解消し、適正な収容を確保する必要」が法務省の「最大の狙い」と見る。

本庄はＰＦＩ構想の「積極的に評価できる点」として、①職業訓練の充実、②家族面会室やカウンター方式の集団面会室など面会の改善、③医療水準の適正化、④行動規制の緩和等を列挙している。しかし「それはＰＦＩという手法を用いなければ実現できないようなものではない」。

他方、本庄は「ＰＦＩ構想の問題点」として、①刑務作業の位置づけ、②民間職員について検討している。

刑務作業の位置づけについては、当初案では、刑務作業から事業者が直接収益をあげることになっていて、ＩＬＯ第二九号条約に違反する可能性があった。この点は修正されたが、実際には行刑改革会議が指摘していたように、「企業のインセンティブを高めるためには収益性の高い作業を実施させるということになる」可能性が高い。そうならないためには「刑務作業を強制ではなく被収容者の同意に基づく一般社会の労働と同質のものと位置づけ、その当然の帰結として賃金制を採用する」必要がある。

民間職員と被収容者が接触する場面が多くなることから、民間職員と被収容者の間にトラブルが発生することが予想される。「民間職員と被収容者が接触しないで業務を行うには限界があり、接触は不可避である。そこでトラブルを回避するためには、刑務官が速やかに駆け付けられるよう十分な数の配置がされることが必要となる」。結局、却ってコスト増になりかねない。収益重視の企業にとっても、職員の減員、給与の引き下げなどの誘因があり、職員の資質の低下など混乱が予想される。

結局、本庄によれば、ＰＦＩ構想を進めることで「処遇の質が低下し、被収容者の社会復帰が困難になることで過剰収容状態に拍車がかかることになる」という。

ＰＦＩ構想の推進は、すでに見たアメリカにおける民営化の帰結を繰り返すおそれが大きい。二〇〇六年一二月二〇日の毎日新聞は次のように報じた。「定員オーバーが続く刑務所の過剰収容対策として、〇七年度予算の財務省原案と〇六年度補正予算案に計五九〇億円が盛り込まれた。法務省は、民間の資本やノウハウを活用するＰＦＩ方式により、山口県美祢市、栃木県さくら市、兵庫県加古川市に刑務所を新設、既存施設の増設も行う。収容定員は約六万一〇〇〇人（一〇月末現在）から約七万人（〇七年度末）に増え、収容率は一一七％から一一一％に緩和される見込み」。

美祢市の社会復帰促進センターについては、すでに二〇〇五年四月に、セコム、清水建設、竹中工務店、新日本製鐵、日立製作所、ニチイ学館、小学館プロダクション、ＵＦＪ銀行が落札していた。

従来の刑事施設では「管理と人権」のバランスが問題となったのに対して、民営化刑事施設では「管理／利潤・収益／人権」の関係が問題となる。刑事施設法が「管理と人権」のバランスを前者優位のまま固定させたのに続いて、ＰＦＩ構想は「利潤・収益」を持ち込んだことによって、人権のいっそうの後退が予想される。

日本型民営刑務所において被収容者の人権侵害が生じないように、政府は公務員と民間職員の教育、必要な情報公開の努力を積み重ねるべきである。刑事法研究者の課題も大きい。

第3節　刑事施設の将来をめぐって

刑事立法研究会編『21世紀の刑事施設――グローバル・スタンダードと市民参加』は、一九九〇年頃から一貫して刑事立法問題に関する共同研究の成果を公表してきた同研究会の著作である。(18)マイケル・トンリィ編『刑事施設拘禁の将来』は、一九七四年に出版されたノーヴァル・モリス『刑事施設拘禁の将来』の三〇年後のアメリカ研究者の総括である。(19)一〇人の執筆者たちはモリスの「弟子」である。

日本とアメリカの刑事施設問題は、歴史も、抱えている問題もあまりにも異なるが、日本の刑事法学はつねにアメリカの状況を参考にしてきたので、両者の対比をしておく意味はあるだろう。ただし、これらの対比を通じて日本の実務や理論に有益な示唆が得られるという観点からそうするわけでは必ずしもない。むしろ、グローバリゼーションのもとでの国家と社会の再編成の只中で、刑事施設をめぐるイデオロギーが現実との対応関係の中でどのように変容しているのかを確認する手がかりとして、両者を対比してみるのがここでの関心である。

小さな刑事司法

石塚伸一（龍谷大学教授）「刑事施設の過剰収容と二つの刑事政策」は、刑事政策が「大きな刑事司法」へと政策転換し、警察・検察が活動領域を拡大、施設増加・職員増員を進めていることに注目し、その立論の前提として「犯罪が増加している」というキャンペーンを検証し、『犯罪白書』等のデータ、認知件数の急増と検挙率の低下を一瞥して「犯罪増加」に疑問を呈し、さらに「犯罪者の増加」についても、判決の重罰化、拘禁刑の長期化、仮出獄の減少が政策的に進められてきたことを指摘する。[20] その上で、①中央政府中心、国家政策遂行、集中管理、能率的管理運営、少数者の切捨ての「国家的パラダイム」と、②地域社会中心、社会病理への対応、情報公開、民主的な合意形成、迂遠な問題処理の「市民的パラダイム」を対比させ、過剰収容のスパイラルから脱するためには、後者に立った「小さな刑事司法」が望ましいとする。

土井政和（九州大学大学院教授）「日本における刑務所改革の課題と展望」は、名古屋刑務所事件を手がかりに「前近代的な家父長制的支配構造」を特徴とする〈日本型行刑〉が被収容者の人権保障を妨げてきたことを確認する。〈日本型行刑〉とは、①被収容者の無権利状態と担当の広い裁量と権限、②他者の容喙を入れない排他的集団性、密行主義、③義理人情という情緒的関係の成立、④担当と被収容者との長時間の接触、⑤担当職員の経験と職務意識の重視、などを指すとしている。そして、名古屋刑務所事件に代表される刑事施設の問題点を検討し、検視および医療制度について現状の密行主義、秘密体質を批判し、不服申立て制度について公平性や公正性がなく抜本的改革が必要であるとし、イングランド等のような査察制度導入を提案している。基本視点は「市民参加と地域連携」である。

大きすぎる刑事司法

『刑事施設拘禁の将来』序文は、半世紀前には刑事施設の時代は終焉を迎えつつあると考えられていたことを想起している。ハーマン・マンハイムもノーヴァル・モリスも刑事施設の時代の終わりを予見していた。彼らは単なる安楽椅子の学者ではなく、刑事施設、留置場、裁判所、保護観察室を熟知していた。確かに六〇年代には被収容者数が減少していた。欧州同様にアメリカでもアボリショニズムやラベリング論が流行した。ところが二〇世紀最後の三〇年間に、被収容者は七倍、収容率も五倍に達した。施設水準を低下させる政策提言が増えている。なぜこういう結果になったか明らかにするために、過去の施設の実態および刑事政策イデオロギーを分析しなければならない。

マイケル・トンリィ（ミネソタ大学教授）「刑事施設に未来はあるか?」は、過去二〇〇年の刑事施設の人道的改革の歴史にもかかわらず、八〇年代には情勢がすっかり変化し、二〇〇三年には全米の施設収容人口が史上最大の二〇〇万人に達し、処罰政策は厳格になり、被収容者への共感は消えうせ、事態はどんどん悪化したと指摘する。(21) 多数の犯罪者が壁の中に押し込まれ、経済的に無意味な不十分な労働をさせられ、教育的訓練などなきに等しく、外界との接触もまれな動物園並みの施設というかつてのモリスの言葉は現在の施設についてこそ当てはまる。

トンリィは全米刑事施設の改革論議のために数々のテーゼを提出する。検証されたテーゼではなく、議論を始めるためのテーゼである。概略次のようなものである。①処罰と犯罪予防が刑事施設の目的である。②施設は被収容者の自己発展を促進すべきである。③施設は被収容者に損傷を与えてはならない。④施設運営はすべての地域や制度的制裁に責任を持つ統一矯正当局の責任で行なわれるべきである。⑤矯正制度は犯罪者個人のためにサービス・計画を提供する。⑥矯正職員は公務員である。⑦判決は「判決ガイドライン」に従う。⑧犯罪や犯罪者の重大性に従って正当化される以上の重刑は許されない。⑨判決目的に照らした制約を超える量刑は許されない。⑩専門家による判決前調査によらない量刑は許されない。⑪判決執行は監視機関によって監視する。⑫施設は被収容者にも職員にも安全な場所とする。⑬三〇〇人以上の大規模施設はつくらない。⑭市民的自由と権利を保障する。⑮施設内生活は社会生活に近づける。⑯施設は被収容者の建設的な自己改革の場となるべきである。⑰施設の壁は通過できるものとする。⑱釈放された者へのサービスを継続する。⑲釈放された者は市民的自由と人権を享受する。

市民による刑事政策

刑事立法研究会編『21世紀の刑事施設』第二部は、第一部に引き続き〈グローバル・スタンダードと市民参加〉を掲げたシンポジウムをもとに編まれている。収録論文の表題を列挙すれば、その理念と枠組みは容易に想像しうる。

土井政和「刑事施設における社会的援助と市民参加」は、イギリスの「ウルフ・レポート」に発する〈コミュニティ・プリズン構想〉を日本の刑事施設に応用するのと同じ構えとして研究会提案を再提示する。施設内処遇と社会内処遇の連携を図り、刑事施設への収容時から刑期を終えるまで「一貫した社会的援助」の原則に立って処遇を行なうことである。「一貫した社会的援助」とは上からの押しつけであってはならず、被収容者の権利である（憲法第一三条、自由刑純化論）。その担い手としては厚生労働省あるいは地方福祉事務所に所属して施設に派遣されるソーシャルワーカーを想定している。また、刑事施設への外部プログラムの導入と、外部プログラムへの被収容者の参加、そして社会的支援としての市民参加が模索される。石塚伸一「刑事施設内処遇の市民的コントロール」は、情報公開制度やオンブズマンに代表される市民参加の意義を確認し、刑事施設のチェックとして、伝統的監視機構（巡閲・巡視、参観、情願等）、監獄法改正論議における第三者機関をめぐる議論（刑事施設運営協議会、刑務審査会）を瞥見し、今日のＮＧＯ活動の重要性を指摘して〈市民の、市民による、市民のための刑事政策〉を唱える。[22]

ロッド・モーガン（英国首席保護観察査察官）「刑事立法研究会立法提案へのコメント」は、刑事施設の諸条件に関する国際的合意の欠如や、欧米の刑事施設の負の側面を指摘し、ウルフ・レポートは〈コミュニティ・プリズン構想〉を提案したが、それは実現していないことも明らかにする。〈過剰収容〉の現実が障害となっているという。

村井敏邦（龍谷大学教授）「市民に根ざした刑事施設構想のために」は、「コミュニティあるいは地域社会というものが、現在の日本に本当にあるのか、コミュニティ・プリズンは絵に描いた餅にもならないのではないか」という疑問を受け止めつつ、日本の刑事施設にも変化の兆しがないわけではないことを紹介し、市民に根ざした刑事施設の提案のまとめをしている。

他方、ゲスト・スピーカーの論考も収録されている。堀雄（元法務大臣官房審議官）「刑事立法研究会提案へのコメントと新世紀の被収容者処遇への期待」は、研究会提案の現状認識にも改革案にも厳しい反論を加えている。中川邦雄（元関東地方更生保護委員会委員長）「入所中および仮出獄後における被（元）収容者の処遇と市民参加」も、援助の一貫性や市民参加の必要性を認めつつ、ＮＧＯの現実の力量や性格に疑問を提示している。井口克彦（東京弁護士会）「弁護士からみた第三者機関提案」は、刑事施設委員会や不服審査会の設置に賛同しつつ、施設への弁護士常駐の力量がまだないことを指摘している。坂上香（映像ジャーナリスト）「刑務所化された社会をどう開くか」は、アメリカの刑事施設の取材体験を踏まえて、いかに管理や規律という発想から解き放たれるのか、出会いや情報の共有をいかに実現するかを強調している。

権力による市民監視の網の目がますます巧妙に仕組まれている現代における、市民による権力の監視をいかに実現するのかという繰り返し問われてきた問題であるが、権力的監視がもっとも強化され、規律の内面化が「自然」に見事に実現されてきた刑事施設に対する市民的監視が可能となるならば、それが時代の突破口となると期待するのは安易に過ぎるだろうか。

判決改革の必要性

マイケル・トンリィ編『刑事施設拘禁の将来』は、刑事施設内における人権問題を検討する論文も含むが、多くは過剰収容の原因論に当てられている。従って、現在の過剰収容を生み出すに至った過去四半世紀の犯罪件数・犯罪率、捜査体制・力量、刑事判決（たとえば量刑）に主眼を置いている。

ジェフリー・ファガン（コロンビア大学教授）「犯罪、法、コミュニティ」は、一九八〇年代以降のニューヨークにおける犯罪と拘禁の「増加」を、逮捕・訴追・判決・刑事施設収容に即して検討し、暴力犯・財産犯は実は減少傾向にあるが、麻薬犯が増加していることを確認するとともに、市内の居住地域によって収容率に大きな違いのあること、法や社会規範の機能の仕方や、政治参加のあり方の違いを生んでいることを示す。(23)

アルフレッド・ブルムスタイン（カーネギー・メロン大学教授）「刑罰政策における合理性の回復」は、過去四半世紀の劇的な収容数・率の増加が、特に一九八八年以後の全米における殺人事件急増と並行していることを指摘しつつ、カリフォルニアにおける麻薬事犯への施設収容以前の治療対策のような合理的政策の兆しを見出そうとする。(24)

リチャード・フレイス（ミネソタ大学教授）「応報主義を制限する」は、ノーヴァル・モリス以来積み上げられてきた判決改革や模範法典の成果を踏まえて、刑罰政策に均衡性、刑の上限、必要最小限の制裁、謙抑性を回復するための「ミネソタ・ガイドライン」を紹介し、さらに発展させようとする。(25)

マーク・ミラー（エモリー大学教授）「判決前調査により判決改革の改革をもたらす」は、犯罪者について体系的な知識に基づいた判決を言い渡す必要を説き、カナダ、スコットランド、ニューサウス・ウェールズで採用されている判決前調査の経験を紹介し、民主的・参加型・透明な判決前調査は拘束力のない判決ガイドラインよりも解決策となるし、ガイドラインの補完にもなるとする。(26)

このようにアメリカの場合は、刑事施設をめぐる主要問題が刑事施設そのものの中にではなく、それ以前の裁判実務（捜査・未決拘禁・判決を含む）に求められている。この点では日米研究者の関心には大きな違いがあるように見える。代用監獄に依拠した自白偏重裁判の上、重罰化政策が進行している日本の刑事判決にも大きな問題があり、〈過剰収容〉の原因が施設の外にあることは十分認識されているものの、刑事施設の基本問題が施設の中に求められ、議論される傾向が日本では強いように思われる。

市民的監視

刑事立法研究会編『21世紀の刑事施設』第三部は「21世紀の刑事拘禁——各論的諸問題」と題して一四本の論考を収録している。

冒頭の正木祐史（静岡大学助教授）「社会的援助の理論と課題」は、「各論の総論」である。研究会「要綱案」のキーワードの一つが社会的援助であるが、それは既決被収容者の社会化、施設の社会化、職員の社会化を柱に、「被収容者の社会化を側面援助するための施設・職員の社会化の原則」を立てる。同時に、自由刑の弊害除去の原則を追求する。社会的援助の性格は、拘禁による弊害除去にとっての社会的援助の不可欠性と国の弊害除去義務、社会的援助の権利性（国の提供義務）・非強制性、処遇内容としての社会的援助、収容時から釈放後までの援助の一貫性とまとめられる。その実現のためにはなおいくつもの解決すべき課題があるが、特に社会との連携の促進（ヴォランティアやＮＧＯの参加）、社会福祉士の活用、社会福祉制度の整備などが指摘される。

続く諸論考は、研究会案を出発点としつつも、その後の検討の成果を盛り込みながら個別の論点を展開している。

謝如媛「分類と個別的処遇」は、分類処遇の現状と問題点を検討し、分類処遇を効果的に機能させるために「施設内処遇完結主義を排除し、犯罪者処遇の主役を施設内処遇から施設外処遇へ、さらに、地域住民の協力に支えられた社会内処遇へ移す」こととする。

藤井剛「個別的処遇計画の実施」は、「処遇の個別化」から「個別化された援助へ」のシェーマを掲げ、同意に基づかない処遇プログラムの失敗の必然性を指摘し、〈コミュニティ・プリズン〉こそ現実的であるとする。

小塚幸子「男女共同刑事施設構想」は、研究会案（旧案）が男女分離原則を採用していたことに鋭く切り込み、男女分離刑事施設の問題点を検討して、それは研究会案の理念に反するとし、男女共同参画の視点を導入する。「刑事施設も社会の一部であり、被収容者も社会の一員であることから」、「被収容者が社会復帰を果たした際には、責任ある市民として社会を担っていくことを期待されるのであるから、刑事施設の中にこそ男女共同参画の視点を取り入れることが必要となってくる」という。前段と後段が繋がっていないし、具体的構想は示されていないが、重要な指摘であり、さらに検討されるべきであろう。

その他、津田博之「刑務作業」、大藪志保子「薬物依存者処遇の新時代」、佐藤元治「外国人被収容者処遇のパラダイム転換を求めて」、渕野貴生「外部交通の意義と情報へのアクセス」、金子みちる「被収容者の外部社会との接触」、金澤真理「外出・外泊の意義と社会復帰への援助」、徳永光「社会復帰からみた懲罰制度のあり方」、武内謙治「仮釈放制度の法律化と社会化」、本庄武「刑事施設のアカウンタビリティと第三者機関の役割」、緑大輔「市民による施設監視とコミュニティの討議民主主義」が、それぞれのテーマに即して、現状の問題点の把握、研究会案の理念と具体的内容、研究会案実現のための検討課題について取り組んでいる。

本書第四部には、「改訂のポイント」（赤池一将）の整理を付した上で「改訂・刑事拘禁法要綱案」が収録されている。さらに「監獄法改正史略年表」（石塚伸一・岡田悦典）が付されている。

刑事司法改革

『刑事施設拘禁の将来』は、どのような司法改革を展望しているだろうか。

フランクリン・ジムリング（カリフォルニア大学バークレー校教授）とゴードン・ホーキンス（同研究員）「民主主義と刑罰の制限――被収容者の権利の前提」は、被収容者の生活すべてを支配する「全体的施設」としての刑事施設という視点から、刑罰執行における食事、嗜好品、雑誌、テレビ、家族の訪問の制約などの不必要な剥奪を点検している。[27] 特にタム、ペリカン湾、レッド・オニオンなどの重警備施設では弊害が大きいので移植手術とも言うべき施設改革が必要であるとする。

ジェームズ・ジェイコブス（ニューヨーク大学教授）「刑事施設改革と被収容者の権利の破壊」は、六〇年代以降の被収容者の権利運動の台頭と低落を追跡し、施設暴動や抵抗が改革の要因となった一方、施設職員の専門家意識も改革の大きな要因であったことを確認し、さらにジョン・ハワード協会、フォーチュン協会、オズボーン協会などの市民的施設改革を要求するNGOの存在にも言及した上で、次の転換点を模索するが、具体的展望は示されていない。[28]

ケヴィン・リーツ（コロラド大学教授）「仮釈放当局の慣例的な智恵を問う」は、仮釈放裁量が判決の目標を前進させているかを問い、一般予防やリハビリテーションに照らして検討し、実務が不適切であることを示しつつも、仮釈放の廃止では問題解決にならないとする。[29] リーツが示す統計を見ると、州による相違があまりにも大きく、仮釈放について全米の水準で議論すること自体疑問である。

ジョン・モナハン（ヴァージニア大学教授）「暴力の危機管理の将来」は、犯罪対策を刑事司法だけではなく、精神医療、コミュニティ処遇、社会福祉などの文脈も考慮して、性暴力犯罪などを素材に、暴力危機評価（医学的危機評価、暴力危機評価ガイド、歴史・医療・危機管理HCR－20）を検討する。[30]

市民による監視とは

日米の研究者の関心の所在や論述テーマや力点の置き方の相違にもかかわらず、ここで問われているのは、肥大化した刑事司法制度の悪弊にいかにして風穴を開けるかである。そのために、被収容者の権利を押し出すとともに、施設職員の専門家意識や危機管理など国家や社会にとってのメリットも踏まえて、刑事施設を市民社会に再統合し、施設を市民による監視のもとに置き、コミュニティの可能性に賭ける方向性が模索されている。日本では刑事施設法以後の、次の改革への突破口となることを期待したい。

ただ、一点だけ指摘しておくと、市民的治安主義が台頭している現在、「現代市民社会」なるものの功罪こそ問い直さなければならない。市民的監視の危険性認識から始めることなしに施設改革の可能性はないし、〈コミュニティ・プリズンの恐怖〉を解析することなしに刑事施設の将来像を描いてはならないだろう。本書第一章で瞥見したように、監視する市民と、監視されたがる市民が織り成す「安心の社会」は、監視権力が緊密に作動する「安心と恐怖の社会」でもある。監視と排除のメカニズムをどう脱構築していくかが問われている。

註

（1）名古屋刑務所事件について、海渡雄一編・監獄人権センター企画『監獄と人権2』（明石書店、二〇〇四年）参照。なお、法務心理技官として矯正現場で長年勤務した浜井浩一（龍谷大学大学院教授）は、次のように述べている。「名古屋刑務所事件の報道後、マスコミでは、こうした事件は氷山の一角であり、日本の刑務所のほとんどで虐待が繰り返されている可能性があるといった報道がなされていた。国会では、矯正局が作成した死亡帳が資料請求され、死亡事案のカルテや死体検案書なども議員をとおして公開された。確かに刑務所における死亡事案には、病死なのかどうか死因が判然としないものも複数含まれていた。では、本当のところはどうなのだろうか。これは正直、筆者にも分からない。受刑者だけでなく部下や同僚の刑務官からは、虐待に近い暴行事案について話を聞くことはあった。しかし、そのほとんどは一〇年以上前の話であったり、暴れる受刑者を制圧中についやりすぎたといったものが中心であった。／筆者自身は、三年前の累犯刑務所勤務や他の矯正施設での勤務をとおして、刑務官が受刑者を虐待する現場を見たことは一度もない。ただ、部下から、名古屋刑務所の事件と類似した事案に他施設で関わった苦悩を打ち明けられたことがあった。また、筆者の元同僚で、副看守長として勤務していた施設において、被収容者に対する刑務官の仕打ちが耐えられないと転職していった人もいた。これらのことから考えると、刑務官による受刑者に対する暴行が絶対にあり得ないと考えるのは非現実的であろう。しかし、こうした暴行が日常的に行われているわけでも、黙認されているわけでもないのも事実である。刑務所での日常は、一日数回非常ベルが鳴るなど独特の緊張感はあるものの、平穏に淡々と時間が流れていく」。浜井浩一『刑務所の風景』（日本評論社、二〇〇六年）一九九～二〇〇頁。

（2）刑事立法研究会編『刑務所改革のゆくえ』（現代人文社、二〇〇五年）。研究会は一九九一年に「刑事拘禁法要綱試案」、一九九六年にその修正案を公表してきた。刑事立法研究会編『入門・監獄改革』（日本評論社、一九九六年）、同編『21世紀の刑事施設――グローバルスタンダードと市民参加』（日本評論社、二〇〇三年）。研究会のウェブサイトは、http://www.law.ryukoku.ac.jp/~ishizuka/

（3）「特集・監獄法改正」『ジュリスト』一二九八号（二〇〇五年）には、北村篤「刑事施設及び受刑者の処遇等に関する法律の成立」、名取俊也「刑事施設及び受刑者の処遇等に関する法律の概要」、川出敏裕「監獄法改正の意義と今後の課題」が掲載されている。

（4） Andrew Coyle, Allison Campell & Rodney Neufeld, Capitalist Punishment, Prison Privatization & Human Rights, Human Rights Internet, 2003. 以下の註（7）～（16）は本書収録論文である。

（5） 近代自由刑の論理は、端的には、資本主義社会における人間行動の規律化と、近代国家の暴力装置との間に位置づけることで説明されてきた。しかし、〈資本主義刑罰〉という仮説を受け入れるならば、国家の退却と消失が特質となる。そうであれば、民営化以後の自由刑こそ近代自由刑の真の姿ということになりかねない。グローバリゼーションの時代に、資本が国民国家を超えて世界大で増殖する一方、国民国家の機能も強化されるという二重性の狭間で、自由刑はどこへ向かおうとしているのだろうか。

（6） ＣＡＰＩＣのウェブサイトは、http://www.e-capic.com/capic.htm
トップページには、「刑務所で製作した製品は、従来から刑務所作業製品と呼ばれていますが、より広く親しめるブランドイメージに変えるとともに、『安くて品質の良い』商品を広くご愛用いただくようにするため、矯正協会刑務作業協力事業の英訳（Correctional Association Prison Industry Cooperation）の頭文字をとったものです。そして、『ＣＡＰＩＣ』と、この文字を組み合わせたマークを作り、これを商標としております」と説明がある。

（7） Phillip J. Wood, The Rise of the Prison Industrial Complex in the United States, pp.16-29.

（8） Christian Parenti, Privatized Problems: For-Profit Incarceration in Trouble, pp.30-38.

（9） Jeff Sinden, The Problem of Prison Privatization: The US Experience, pp.39-47.

（10） Judith Greene, Lack of Correctional Services, pp.56-66.

（11） Alex Friedmann, Juvenile Crime Pays—But at What Cost?, pp.48-55.

（12） Mark Erik Hecht and Donna Habsha, International Law and Privatization of Juvenile Justice, pp.75-86.

（13）Monique W. Morris, Prison Privatization: The Arrested Development of African Americans, pp.87-101.
（14）Katherine van Wormer, Prison Privatization and Women, pp.102-113.
（15）Frank Smith, Incarceration of Native Americans and Private Prisons, pp.114-126.
（16）Andrew Coyle, Conclusion, pp.211-218.
（17）本庄武「ＰＦＩ構想について」『刑務所改革のゆくえ』前掲書。
（18）刑事立法研究会については前註（2）参照。
（19）Michael Tonry (ed.), The Future of Imprisonment, Oxford University Press, 2004. 註（21）以下の英文文献は本書収録論文である。
（20）凶悪犯罪増加論や犯罪増加キャンペーンについて、浜井浩一は、「最近、治安の悪化が叫ばれ、認知件数や検挙率といった犯罪統計が頻繁にマス・メディアに登場するようになってきた。治安の悪化は、有識者を含めて、多くの国民にとって既定の事実として受け入れられている。しかし、その根拠として使われることの多い認知件数や検挙率といった警察統計とは、いったい何を測っている統計なのだろうか。そもそも治安とは何を意味しているのか。／ここでは、治安を『社会における犯罪情勢および犯罪をコントロールする能力』と定義する。この定義に従うと、認知件数は犯罪情勢を、検挙率は犯罪をコントロールする能力を示す統計ということになるのかもしれない。しかし、認知件数や検挙率は、治安を示す統計として適切なものなのだろうか。治安が悪化したことを知るためには、犯罪発生を示す統計数値の推移を時間経過とともに見ていく必要がある。しかし、警察の統計は、本来、行政機関である警察の事件受理・処理に関する記録であり、犯罪を計測するために作られたものではない。犯罪の動向を知るためには、犯罪を定義し、それを正確に測定する指標を作り出さなければならない」として、犯罪統計の意義や方法を詳論する。浜井浩一編著『犯罪統計入門』（日本評論社、二〇〇六年）。前東京都治安対策担当部長の久保大は、誰もが「治安が悪化している」と唱える現状を分析し、治安はどんなふうに悪化しているとされているのか、少年犯罪や外国人犯罪が果たして治安を悪化させているのかを検証したうえで、「『治安の悪化』の言説は何のために語られ、何をもたらしたのか」を問う。地方公務員全体は減少してきたにもかかわらず、治安悪化キャンペーンとともに、警察官数だけは増加してきた。警察は民間警備業の意義を強調し、防犯設備関連市場が拡大してきた。「安全で安心な社会」をつくるために監視カメラが増殖し、他者を排除する閉ざされたコミュニティづくりがめざされる。結論は次の三点にまとめられる。「警察の組織防衛本能に基づく言動」「あらゆる出来事をわかりやすい枠組みの中で語ろうとするマス・メディアの習性が、〈治安の悪化〉という既視の物語をよび出してきたこと」「受け手の側にいる人々も、自らが感じている社会不安の因ってくるところの何かを表象、つまりは形にして説明してくれるものを求めていたこと」。久保大『治安はほんとうに悪化しているのか』（公人社、二〇〇六年）。

（21）Michael Tonry, Has the Prison a Future?　pp.3-24.

（22）石塚伸一『刑事政策のパラダイム転換——市民の、市民による、市民のための刑事政策』（現代人文社、一九九六年）参照。

（23）Jeffrey Fagan, Crime, Law, and the Community: Dynamics of Incarceration in New York City, pp.27-59.

（24）Alfred Blumstein, Restoring Rationality in Punishment Policy, pp.61-80.

（25）Richard S. Frase, Limiting Retributivism, pp.83-119.

（26）Marc L. Miller, Sentencing Reform "Reform" through Sentencing Information Systems, pp.121-153.

（27）Franklin E. Zimring and Gordon Hawkins, Democracy and the Limits of Punishment: A Preface to Prisoners' Rights, pp.157-178.

（28）James B. Jacobs, Prison Reform amid the Ruins of Prisoners' Rights, pp.179-196.

（29）Kevin R. Reitz, Questioning the Conventional Wisdom of Parole Release Authority, pp.199-235.

（30）John Monahan, The Future of Violence Risk Management, pp.237-263.

第四章　死刑廃止を求めて

国際的には死刑廃止国が増えているにもかかわらず、日本では死刑が維持され、近年は死刑判決が増加している。死刑執行も毎年続けられている。社会意識も死刑存置を望んでいるかのように見える。マスメディアと警察による凶悪犯罪キャンペーンや、市民生活の安全感が低下していることが影響していると指摘されている。諸外国と比較して凶悪犯罪が多いどころか、むしろ少ないとされてきた日本で、なぜこのような傾向が生じるのだろうか。死刑存廃論は従来の枠組みを超えた論点を必要としているのだろうか。死刑を廃止できない日本の何が問題なのだろうか。

第1節　一九九〇年代の状況

近年、「国際法は死刑廃止を要求していない。むしろ実際には死刑存置である」、「死刑廃止が国際的動向とはいえない。全面廃止をしていない国を死刑廃止国に数えるのは恣意的である」といった見解が散見されるようになった。

死刑廃止論は、法哲学的見解（国家は国民を殺せない）、憲法論（残虐な刑罰の禁止）、誤判論（死刑は取り返しがつかない）といった論拠に加えて、死刑廃止条約（死刑廃止をめざす市民的政治的権利に関する国際規約第二選択議定書）の採択、欧州死刑廃止条約（死刑廃止に関する人権と基本的自由の保護のための欧州条約第六追加議定書）など国際条約の動向を取り上げて、「死刑廃止はいまや国際的潮流となっている」ことを大きな論拠としてきた。いわば「国際人権論的死刑廃止論」である。一九九〇年代の議論においては、死刑再審無罪四事件（免田事件、松山事件、財田川事件、島田事件）を実例とした誤判論と、死刑廃止条約採択を追い風にした国際人権論が、死刑存廃論において大きな影響を及ぼしたといえよう。〈地球が決めた死刑廃止〉は一九九〇年代死刑廃止論のスローガンであった[1]。

これに対して、死刑存置論は、「オウム真理教事件」をはじめとする重大凶悪事件の多発を強調して、被害者（遺族）の感情を前面に押し立てた議論を中核としてきた。被害者遺族の感情や国民世論が死刑を要求していると唱えられた。長期にわたる死刑空白期に終止符を打った後藤田正晴法務大臣の「死刑再開」のひとつの論拠は、六六・五％が死刑を支持しているという「世論調査」結果であった。

死刑廃止論からは、被害者遺族が死刑を要求しているという主張には根拠がないと指摘されてきた。むしろ被害者遺族を放置してきた現実が「犯人を死刑に」と言う以外に選択の余地をなくしてきたのではないか。現に死刑を要求していない被害者遺族がいるのに、そうした意見を社会的に公表することに対しては不当な圧力がかかっているのではないか。また、世論調査の方法を具体的に見ると、設問自体きわめて恣意的に設定されていて、死刑存置に誘導していることが明らかになっている。[2]

こうした議論状況のなかで、国際法に関しては死刑廃止論の独壇場という印象があった。

第2節　国際法に関する新学説

ところが、国際法分野においても「死刑存置論」が自覚的に唱えられるようになってきた。国際法における死刑論議に関する理論的研究も登場した。

中野進は、「胎児の生命権が絶対視されていないにもかかわらず、なぜ、死刑廃止論者は、殺害者の生命権を絶対視するのであろうか。死刑の問題のみならず、胎児の問題、尊厳死の問題、遺伝子操作の問題、クローン人間の問題等も、生命権と密接な関係を有していることを考慮すれば、死刑の問題は、単に『人権問題』というよりは、『総合的な生命倫理問題』であると考えなければならないのではなかろうか。『生』と『死』とは、表裏一体である。『死』の問題を考察する際には、同時に、『生』の問題も考察するべきであろう」という問題意識を表明した上で、「国際法における死刑存置論」を展開している。[3]

国際法（特に国際人権法）は死刑廃止を求めていると当然視してきた思考にとっては、中野の問題提起は意外な論点を孕みつつ、有益な示唆を与えるものであるので、以下ではその立論を追跡しながら、国際法における死刑存置論を確認することにしよう。

「〝死刑廃止は国際的な潮流である。〟と主張されているが、本当に、そうであると断言してもよいのであろうか。又、〝先進国の中で死刑を廃止していないのは、日米両国のみである。〟とか〝死刑廃止は文化のバロメーターである。〟という趣旨のことが主張されることもあるが、日米両国や非〝先進国〟の文化は、〝死刑廃止国〟の文化よりも、低俗なものなのであろうか。さらに、事実上の死刑廃止国を含む〝死刑廃止国〟は、本当に死刑廃止国であると言えるのであろうか。真の死刑廃止国とは、『全面的死刑廃止国』のことではなかろうか。なぜならば、平時の死刑を廃止し且つ戦時の死刑を存置している国家は、『部分的死刑廃止国』であるが、同時に、『部分的死刑存置国』でもあるからである[4]。

中野はこのように考えて、「あらゆる死刑を否定した全面的死刑廃止国」だけが本当の死刑廃止国と言えるのであり、「戦時の死刑を残している国」を死刑廃止国に数えることには疑問が生じるとする。こうした関心から、死刑存廃論を再検討するにあたり、「国際法の観点から死刑問題を考察する『国際法的死刑論』」がめざされる。

そこで最初に検討されるのは「生命権を規定している条約」である。①世界人権宣言（一九四八年）、②欧州人権条約（一九五〇年）、③国際人権規約自由権規約（一九六六年）、④米州人権条約（一九六九年）、⑤アフリカ人権憲章（一九八一年）、⑥児童の権利条約（子どもの権利条約、一九八九年）、⑦イスラムにおける人権に関するカイロ宣言（一九九〇年）、⑧独立国家共同体人権条約（一九九五年）を列挙し、それぞれの該当条文を紹介した上で、解釈を提示して、次のように述べている。

例えば、世界人権宣言第三条は生命権を規定しているが、「死刑制度との関連性についてはまったく言及していない」ので、すべての者が「死刑という刑罰を受けることはないとは断言し得ないであろう」[5]。また、国際人権規約自由権規約第六条第一項は生命権を規定しているが、「同条第二項において、死刑の存置を容認している」。さらに、米州人権条約第四条第一項は生命権を規定し、同条第三項は「死刑は、それを廃止した国においては、再び設けてはならない」と、死刑復活禁止を掲げているが、「この死刑復活禁止条項のために、同条約への加入をためらう国家・国民もいるのではないか」と推測する[6]。

次に中野は「死刑廃止条約」を検討する。①米州人権条約、②国際的武力紛争の犠牲者の保護に関する追加議定書（ジュネーヴ諸条約第一追加議定書、一九七七年）、③非国際的武力紛争の犠牲者の保護に関する追加議定書（ジュネーヴ諸条約第二追加議定書、一九七七年）、④欧州人権条約第六議定書（欧州死刑廃止条約、一九八三年）、⑤児童の権利条約（子どもの権利条約）、⑥国際人権規約死刑廃止議定書（死刑廃止条約、一九八九年）、⑦米州人権条約死刑廃止議定書（一九九〇年）、⑧旧ユーゴ国際刑事裁判所規程（一九九三年）、⑨ルワンダ国際刑事裁判所規程（一九九四年）、⑩独立国家共同体人権条約、⑪国際刑事裁判所規程（一九九八年）を列挙し、それぞれの該当条文を紹介した上で、若干のコメントを付している。

例えば、米州人権条約や児童の権利条約は「部分的死刑廃止規定」であり、全面的死刑廃止ではないことが確認される。また、死刑廃止条約第一条は死刑廃止を掲げているが、同条約第二条は戦時における軍事的性質の非常に重大な犯罪については死刑適用を容認しているので、「全面的死刑廃止条約ではないという意味において、部分的死刑廃止条約であると言えよう」[7]と評価される。さらに、旧ユーゴ国際刑事裁判所規程、ルワンダ国際刑事裁判所規程、国際刑事裁判所規程の刑罰に死刑が含まれていないことを指摘し、「死刑廃止」という文言は用いられていないが、実質的に死刑廃止規定であることが確認される。

第三に検討されるのは、「死刑存置を規定している条約」である。①極東国際軍事裁判所条例（一九四六年）、②捕虜の待遇に関する一九四九年のジュネーヴ条約（ジュネーヴ第三条約）、③戦時における文民の保護に関する一九四九年のジュネーヴ条約（ジュネーヴ第四条約）、④欧州人権条約、⑤国際人権規約自由権規約、⑥米州人権条約、⑦欧州人権条約第六議定書、⑧国際人権規約死刑廃止議定書、⑨米州人権条約死刑廃止議定書、⑩独立国家共同体人権条約を列挙し、その該当条文を紹介した上で、検討を施している。

極東軍事裁判所条例が掲げられているが、なぜかニュルンベルク軍事裁判所条例が引き合いに出されていない。欧州人権条約第六議定書（欧州死刑廃止条約）や国際人権規約死刑廃止議定書（死刑廃止条約）も、戦時中になされる軍事的性質の非常に重大な犯罪に対する死刑を容認しているので、「部分的死刑廃止条約であると同時に、部分的死刑存置条約でもある」と評価し[8]、「いわゆる死刑廃止条約への加入を促進するためとはいえ、戦時における死刑存置を認めることは、死刑廃止論にとって自己矛盾であろう。いずれにせよ、いわゆる死刑廃止条約の加盟国のことを安易に〝死刑廃止国〟であると主張することは、必ずしも妥当なこととは言えないであろう」と締めくくられる。[9]

以上の「国際法上の死刑存置論」の検証に続いて、中野は、「死刑制度に関する各国の見解」として、死刑廃止条約を採択した国連における各国の見解を紹介し、最後に「死刑廃止論に対する疑問」を整理している。批判対象として俎上に載せられるのは、①誤判説、②生命尊厳説、③死刑残虐説、④国際的潮流説、⑤治安良好説、⑥抑止無力説、⑦捕虜説である。

①誤判説――「誤判説の立場に立てば、誤判が生じないことが明らかな場合は、死刑が許されることもあるということになる」ので、誤判説には「矛盾点や論理的弱点」があり、「死刑廃止を主張するのであれば、誤判以外の理由を根拠として主張すべきであろう」。[10]

②生命尊厳説――「胎児の生命権が絶対視されていないにもかかわらず、なぜ、死刑廃止論者は、殺害者の生命権を絶対視するのであろうか。このように、生命尊厳説に基づいた死刑廃止論は、『胎児の生命権』を全く無視しているという大きな矛盾点を内包しているので、生命尊厳説は、死刑廃止の根拠としては、不適当であろう」。[11]

③死刑残虐説――「死刑囚の生命の剥奪のみを残虐と感じ、胎児や受精卵の生命の剥奪を残虐と感じられない『生命倫理観』は、いかがなものであろうか」、「死刑廃止を主張する前に、少なくとも同時に、死刑よりも遥かに残虐な核兵器や化学兵器等の大量破壊兵器の全廃を主張するべきである」。[12]

④国際的潮流説――死刑廃止条約の締約国数はまだ多数ではないし、条約は「部分的死刑廃止条約」である。「国際的潮流説に基づいた死刑廃止論を主張するのであれば、戦時における死刑廃止を含む『全面的死刑廃止国数』に最も注目すべきではなかろうか」[13]。

⑤治安良好説――「治安が良好でない国家においては、又は、将来、治安が悪化した場合には、死刑を容認するのであろうか」。「人権問題として死刑廃止を主張する前に又は同時に〝アジア人権条約〟の成立を主張するべきではないだろうか」[14]。

⑥抑止無力説――「〝全く同じ条件の二つの国家〟において、死刑存置と死刑廃止を同時に実施して比較することができるのであるならば、死刑の抑止力の有無が具体的に解明されるのであろうが、このような比較は、物理的に不可能である」[15]。

⑦捕虜説――「非武装の者を殺害してはならないという国際慣習法」に由来する死刑廃止論がありうるが、「戦時における非武装者と平時における被告人、特に殺害者とを同一視することには、合理的な且つ法的な根拠」がないので不適当である[16]。

かくして、中野は「結語」に辿り着く。

「仮に、自分が他人を殺害し、その責任を問われても、〝自分の生命権〟は、法的に絶対保護されるべきであると考える人間達から成る社会と、自分が他人を殺害したならば、その責任をとる結果として、自らの生命権が剥奪される場合もあり得る、即ちそれほど『他人の生命権』を尊重すべきであると考える人間達から成る社会を比較した場合、どちらの社会の方が、より人権を尊重している社会と言えるのであろうか。このことに関する解答を統計等の比較から得ることは、極めて困難であろう。しかし、殺人事件の発生率の低さが世界第一とも言える、死刑存置国たる日本の現状は、上記の解答を示唆しているのではなかろうか」[17]。

中野の論説は、死刑存廃論を展開するにあたって有益な指摘を数々含んでいる。

第一に、①生命権を規定した条約、②死刑廃止を規定した条約、③死刑存置を規定した条約を年代順に列挙して、一つひとつ検討している。多くの国際文書を図式的に配置したことで、見晴らしがよくなった。死刑廃止条約が国連で採択されたことが死刑廃止論の大きな追い風となったが、国際法の動向を全体として把握するためには、国際人権法だけではなく、国際人道法も含めて、国際条約の総体を検討する必要がある。

第二に、〈地球が決めた死刑廃止〉〈死刑廃止は国際的潮流である〉といった死刑廃止論の主張が事態の単純化の上に成立していることの指摘である。確かに、死刑廃止条約を含む多くの国際文書が死刑廃止を掲げてはいても、「部分的死刑廃止」にとどまることが少なくない。少年に対する死刑の制限や妊娠した女性に対する死刑の制限は、死刑を制限するものではあるが、逆説的には「部分的死刑存置」である。平時にのみ死刑を廃止し、戦時に死刑を容認するのも、死刑廃止論からすれば「一貫」していない。スローガンは単純明快でなければならず、〈地球が決めた死刑廃止〉といったスローガンは、まさにスローガンとして優れていた。しかし、スローガンを唱えることによって見えにくくなってしまう問題がないかどうかは常に意識しておかなければならない。

第三に、死刑廃止論に対する批判的検討である。死刑存廃論はカント以来二百年を超える歴史があり、しばしば死刑存廃論は議論が尽きたと言われてきた。しかし、日本における死刑存廃論の出版物の圧倒的多数は死刑廃止論であり、死刑存置論の出版物は決して多くない。そのため、日本において現実に唱えられている死刑存置論について知ることが意外に困難である。もちろん、日本は死刑存置国であり、検察官は死刑を求刑し、裁判官は死刑判決を言い渡している。法務省は現に死刑執行を継続している。重大凶悪事件が話題となれば、世論の多くが死刑を要求しているようにも見える。その意味では死刑存置の支持を明白に確認することができるが、「死刑の論理」が冷静に語られることはそう多くはない。中野の論説は、重松一義の論説とともに[18]、死刑の論理を冷静に提示している点でも有益であり、死刑廃止論の今後の課題を示唆してくれている。

他方、いくつか疑問がないわけではない。

第一に、「国際法上の死刑存置論」と銘打っているにもかかわらず、中野の死刑存置論は国際法に根拠をもつ立論となっていない。「死刑問題は、単なる人権問題としてではなく、『総合的な生命倫理問題』として取り扱われるべき」との主張が繰り返されているように、「刑法、憲法、国際法、哲学、医学、生命倫理、生命工学等」の応用問題として理解されている。そのため死刑廃止への疑問の提示にあたっては、国際法に依拠するのではなく、中野独自の生命観、倫理観、文化観に依拠している。中野独自の生命観、倫理観、文化観に立った死刑存置論として理解すれば、その主張は了解可能であるが、「国際法上の死刑存置論」と銘打っている点に違和感を覚えざるをえない。中野独自の倫理観をここで問題にするつもりはないが、死刑問題は「単なる人権問題ではない」という見解が仮に正当であるとしても、「人権問題である」ことに変わりはないはずである。中野の立論は、国際法よりも自己の個人的な倫理観を優先している点に特徴がある。

第二に、国際文書の列挙・検討の方法にも懸念が存する。検討の大半が、条文の列挙と、条文に関する若干のコメントである。国連人権委員会や各種の条約委員会による議論は検討対象に一つも含まれていない。死刑廃止条約採択当時の諸国の見解が紹介されているが、それ以外の議論状況は考慮されていない。日本における死刑廃止論の批判的検討にあたっては多くの見解を紹介した上で検討が施されているのに比して、国際文書の検討はむしろ素っ気ない印象すら与えないだろうか。特に気になるのは、生命権、死刑廃止、死刑存置に関する国際条約を単純に並列しているだけで、歴史的発展や、相互の関係にまで踏み込んでいないことである。

第三に、死刑廃止論に対する批判的検討はそれぞれ手際よくなされているように見えるが、必ずしも説得的とはいえない場合がある。

例えば、誤判説に対して「誤判が生じないことが明らかである場合には、死刑が許されることもあるということになる」として「矛盾点」を指摘しているが、これは的確な理解といえるだろうか。現在の日本でもっとも代表的な誤判説論者である団藤重光は、現在の裁判制度では誤判が生じるおそれを払拭できないがゆえに、「制度としての死刑」そのものを廃止するよう唱えている。個別の事件が誤判であるから死刑は許されず、誤判でなければ死刑が許されるという話ではない。死刑制度を廃止する以上、誤判でないことが明らかな場合でも死刑は容認されないというのが誤判説ではないだろうか。(19)

また、生命尊厳説に対する批判として「胎児の生命権」を持ち出しているが、死刑存廃論と「胎児の生命権」を密接不可分の問題として捉えるのは「死刑問題は総合的な生命倫理問題」という中野独自の理解に立つからである。国際法における死刑廃止論や憲法論的死刑廃止論が「胎児の生命権」に言及していないからといって「矛盾点」と断定するのは不可解である。同様に、「死刑廃止の前に核兵器廃止を」「死刑廃止の前にアジア人権条約を」との主張にも合理性が欠けている。死刑廃止論者の中には核兵器廃止論者もいるだろうし、そうでない者もいるであろう。死刑廃止論者でアジア人権条約を必要と考える者もいれば、そうでない者もいるであろう。それぞれについて具体的な批判をするべきであろう。そもそも、死刑廃止論とこれらの問題とを対立的に配置すること自体、疑問である。

さらに、中野は「なぜ、死刑廃止論者は、殺害者の生命権を絶対視するのであろうか」と問う。しかし、問いの立て方そのものが、死刑廃止論とは異なっている。死刑廃止論は、すべての人間の生命権を差別なく尊重することを主張している。「殺害者の生命権を絶対視する」という問いの立て方そのものが誤解に立脚しているのではないだろうか。

第四に、国家の消失である。すでに引用した「仮に、自分が他人を殺害し、その責任を問われても、〝自分の生命権〟は、法的に絶対保護されるべきであると考える人間達」に始まる文章は、国家が法的に死刑を定めて実施していることの意味を忘却していないだろうか。死刑問題について国家ではなく「社会」の「倫理観」の問題として語ることが正当といえるだろうか。人権は対国家関係だけで語られるべきではないとしても、死刑問題における生命権が対国家関係で語られることを否定することはできない。死刑問題において国家の役割を問わない「倫理観」とは、いったい何物であるのだろうか。公務員が「公務」として人を殺すことを正当化する「倫理観」とは、何物であるのだろうか。

第3節　国際人権法の現在

死刑存廃論に関する国際法の動向を理解するためには、単に条約の条文を列挙するだけではなく、歴史的発展の中で検討する必要がある。もちろん死刑廃止が単純に一方向的な発展をたどるという保障はない。廃止に向けた動きもあれば、逆に死刑復活の例もあるから、過度の単純化は慎まなければならないが、大きな流れを確認することは、やはり必要である。

一　死刑廃止条約の状況

死刑廃止条約の当事国は、二〇〇二年に四九カ国となった。署名のみで未批准の国は七カ国であった。[20] 二〇〇〇年以降の批准国は、トルクメニスタン、カーボベルデ、モナコ、ボスニア・ヘルツェゴヴィナ、ユーゴスラヴィア、ジブチ、リトアニア、南アフリカである。新たな署名国は、ポーランド、サントメ・プリンシペ、ギニアビサウ、チリなどである。二〇〇五年には、リベリアとカナダが当事国となり、五六カ国となった。

米州人権条約議定書の当事国は八カ国であり、署名のみで未批准の国は一カ国である。二〇〇〇年以降の批准国は、パラグアイである。新たな署名国はチリである。

欧州人権条約第六議定書の当事国は、二〇〇二年には四一カ国であった。二〇〇〇年以降の批准国は、キプロス、ウクライナ、グルジア、アルバニア、ポーランド、アゼルバイジャン、ボスニア・ヘルツェゴヴィナ、アルメニア、トルコなどである。二〇〇五年にはモナコが当事国となり、四五カ国となった。署名のみで未批准の国は一カ国である。

二　死刑廃止条約の時代へ

次に死刑廃止条約に至る歴史的経過を確認しておこう。死刑廃止条約は平時の死刑を全面的に禁止する一方で、戦時における死刑を容認している。「部分的死刑廃止」ないし「部分的死刑存置」という表現にまったく根拠がないわけではない。

ただし、「部分的死刑廃止」だから「部分的死刑存置」というのは、いささか短絡的な理解と言わなければならない。死刑廃止条約以前の国際法と国際社会の状況を想起すれば、圧倒的に全面的死刑存置であった。一九八〇年代に欧州において続々と死刑廃止国が生まれ、欧州死刑廃止条約や死刑廃止条約が採択されてきた経過を見れば、「死刑廃止の国際的潮流」は歴然としている。生命権という思想も世界人権宣言で初めて国際法の世界に刻み込まれたのであり、それ以前と比較するならば、発想の転換の大きさを知ることができる。

一九四八年の世界人権宣言は、人権尊重に関して「すべての人民とすべての国とが達成するべき共通の基準」（前文）を宣言した。[21] 日本語訳では「世界人権宣言」が流通しているが、正式名称は「人権に関する普遍的宣言」である。世界人権宣言第三条は「すべて人は、生命、自由および身体の安全に対する権利を有する」としている。さらに第五条は「何人も、拷問又は残虐な、非人道的な若しくは屈辱的な取扱若しくは刑罰を受けることはない」とする。残虐な刑罰の禁止である。ここに生命権の思想に基づく死刑制限の歴史が始まった。それ以前の国際法には、個人を主体とした国際人権の思想は希薄であり、まして死刑は国内問題と理解されていたから、世界人権宣言の登場は大きな転換点であった。

とはいえ世界人権宣言は「宣言」であって、条約ではなく、法的拘束力がない。そこで作成されたのが一九六六年の二つの国際人権規約（経済的社会的文化的権利に関する国際規約〔社会権規約〕、市民的政治的権利に関する国際規約〔自由権規約〕）であった。自由権規約第六条第一項は、「すべての人間は、生命に対する固有の権利を有する。この権利は、法律によって保護される。何人も、恣意的にその生命を奪われない」とした。これは世界人権宣言第三条を受けて、さらに発展させたものである。自由権規約第六条第二項以下で、死刑存置国における死刑の制限を規定し、恩赦の権利、少年や妊娠した女性への死刑の禁止を定めている。自由権規約は死刑廃止を要請していないが、死刑の制限を要請している。

そして重要なのは、自由権規約第六条第六項が「この条のいかなる規定も、この規約の締約国により死刑の廃止を遅らせ又は妨げるために援用されてはならない」と明示していることである。まだ死刑廃止を要請はしていなかった自由権規約だが、その規定を死刑存置の論拠とすることは明示的に否定されているのである。第六条第六項を無視して、自由権規約が死刑存置規定であると解釈することは妥当でない。先に紹介した中野の議論は、国際条約の明文を無視している。

一九八九年の死刑廃止条約（自由権規約第二選択議定書）は、死刑廃止に向けた国際的潮流を加速させた。「死刑の廃止が人間の尊厳の向上と人権の漸進的な発展に寄与する」ものであり「死刑廃止のあらゆる措置が生命に対する権利の享受における進展と考えられるべきである」（同前文）という思想を表明した上で、同第一条は「この議定書の締約国の管轄内にある者は、何人も死刑を執行されない。各締約国は、その管轄権内において死刑を廃止するために必要なあらゆる措置をとる」とした。世界人権宣言から自由権規約への発展を受けて、ついに生命権の思想による死刑廃止が国際文書として確立したのである。実施措置の報告（第三条）、義務不履行の検討（第四条）、個人からの通報（第五条）などの手続きが規定された。

死刑廃止条約第二条は、戦時に犯された軍事的性格をもつ重大な犯罪について死刑の適用を容認している点で、全面的死刑廃止の論理が貫徹していない。しかし、このことをもって死刑存置論の根拠と唱えるのは適切ではないだろう。世界人権宣言、自由権規約、そして死刑廃止条約への段階的発展にこそ注目するべきであることは言うまでもない。しかも、自由権規約第六条第六項が存在する。死刑廃止に向けた条約だが、現実の世界に多数の死刑存置国が存在しているなど様々な状況から制約を受けているのである。前文が「漸進的な発展」としているのはそのためである。その現状を「部分的死刑存置」と認識することは可能だし、死刑廃止条約の現実的な限界を指摘することも正しいが、それが死刑存置論の根拠となるわけではない。

地域レベルでの死刑に関する国際文書についても同じことが言える。

一九六九年の米州人権条約は、生命権を規定し、死刑廃止国における死刑の復活を禁止し、死刑の適用拡大を制限している。この条約は積極的に死刑廃止を要請するものではないが、適用制限や死刑復活禁止という形で生命権の保障を図っている。

一九九〇年の米州人権条約議定書は、死刑の廃止が望ましいとする国際的潮流を根拠として死刑廃止に向けての措置を提案した米州人権委員会の勧告を受けて、第一条で「本議定書の加盟国は、その領土の管轄内にある者に対し死刑を適用することができない」とした。

一九八一年の「人及び人民の権利に関するアフリカ憲章（バンジュール憲章）」は死刑には言及していないが、第四条で生命権を掲げている。

他方、死刑廃止の先陣を切ったのが欧州評議会であった。

一九五〇年の欧州人権条約第二条は生命権を規定したが、死刑廃止には言及していなかった。一九八三年の「死刑廃止に関する人権及び基本的自由の保護条約第六議定書（欧州死刑廃止条約）」第一条は「死刑は廃止する。何人も、死刑を宣告されまたは執行されない」とした。もっとも、同第二条は戦時の死刑を容認している。

以上の歴史的発展を踏まえるならば、死刑廃止が国際的潮流となっていることは疑いがない。①圧倒的な全面的死刑存置の時代から、②生命権の思想の発展による死刑の制約の時代を経て、③死刑廃止条約の時代へと至る経過は誰の目にも明らかである。

ただ、死刑廃止に向けた国際的潮流が発展し、加速してきたことを強調するあまり、死刑廃止条約批准国が過半数に達していなかった事実や、死刑存置国が多数存在してきた現実を無視することはできない。死刑廃止論の立場からこそ、世界の死刑の現実状況を冷静に考察するべきことは言うまでもない。したがって、「死刑廃止の国際的潮流」とは、死刑廃止に向けた漸進的発展の意味であり、現在は死刑廃止への過渡期として位置づけることになろう。

三　戦時死刑廃止議定書

第三に、二〇〇二年の欧州人権条約第一三議定書の意義を確認しよう。

欧州評議会閣僚委員会は、二〇〇二年二月二一日、人権及び基本的自由の保護条約第一三議

定書を採択し、五月三日に署名のため開放された。[22]あらゆる状況下における死刑廃止を定めた議定書であり、戦時や差し迫った戦争の脅威がある場合にも、死刑廃止を求めている。この議定書は、一五カ国が批准した二〇〇三年四月一日から三ヵ月後の二〇〇三年七月一日に発効した。現在の批准国は三三カ国であり、署名したが批准していない国は一〇カ国である。

従来の死刑廃止条約は平時における死刑廃止を要請していたが、戦時における死刑を容認していた。全面的廃止ではなく「部分的死刑廃止」にとどまるとの指摘がなされる所以である。第一三議定書はこの限界を乗り越えて、戦時における死刑廃止を要請している。死刑廃止論の全面的貫徹を図る議定書である。

四　国際人道法の発展

欧州人権条約第一三議定書は、国際人権法における死刑廃止に向けた画期的な成果であるが、一九九〇年代には国際人道法においても死刑廃止に向けた動きを確認できる。

一九九三年の旧ユーゴスラヴィア国際刑事法廷規程は、ジェノサイド、戦争犯罪、人道に対する罪というもっとも重大な犯罪について管轄権を定めたが、刑罰に死刑を含んでいない。一九九四年のルワンダ国際刑事法廷規程も同様である。一九九八年の国際刑事裁判所規程は、侵略の罪、ジェノサイド、人道に対する罪、戦争犯罪について死刑の適用を排除している。これらの規程は戦争犯罪について死刑を排除している。国際刑事裁判所規程は、戦争犯罪だけではなく、平時に犯されるジェノサイドや人道に対する罪をも管轄権に含んでいる。

　国際人道法の発展という観点でみるならば、ニュルンベルク裁判条例と極東国際裁判条例には死刑が規定され、現に死刑の適用が行なわれた。一九四九年のジュネーヴ諸条約は死刑に言及しているが、当時は圧倒的な死刑存置の現実があり、それらの諸国における戦時の取扱いを確認しただけである。ジュネーヴ諸条約は「死刑存置をめざした条約」ではない。死刑廃止条約が死刑廃止に向けた条約であるという意味で死刑廃止条約であるのに対して、ジュネーヴ諸条約は死刑存置に向けた条約というわけではない。ジュネーヴ諸条約は死刑存廃論に関して何事かを決定するための条約ではないので、これを「死刑存置条約」とするのはおよそ非常識な解釈である。一九七七年の二つのジュネーヴ諸条約追加議定書は、少年や妊娠している女性に対する死刑を禁止して、死刑の制限を定めている。

　以上の歴史的経過を踏まえつつ、旧ユーゴスラヴィア国際刑事法廷規程、ルワンダ国際刑事法廷規程、国際刑事裁判所規程を見るならば、国際人道法の領域においても、死刑廃止に向けた国際的潮流を確認することができる。歴史的経過と切り離して、極東国際裁判条例やジュネーヴ諸条約を引き合いに出して「死刑存置条約」であると主張することは適切とは言えない。

　国際刑事裁判所は二〇〇二年春に発足し、判事や検事の選挙が行なわれ、ハーグで活動を開始したが、まだ実際に裁判を行なっていない。これに対して、旧ユーゴスラヴィア国際刑事法廷は多数の事件を処理して、すでに多数の判決が下され、確定している。タディッチ事件、エルデモヴィッチ事件、イェリシッチ事件、セレヴィッチ事件、フォツァ事件など多くの事件について、被告人に戦争犯罪や人道に対する罪を認定して、有罪判決を下しているが、最高刑は終身の自由剥奪刑である。ルワンダ国際刑事法廷も、多数の事件を処理している。なかでも、アカイェス事件、カンバンダ事件、ムセマ事件ではジェノサイドの罪の成立を認め、有罪判決を言い渡し、判決が確定している。最高刑はやはり終身の自由剥奪刑である。(23)

第4節　国連総会

国連や国際機関は死刑廃止条約以外にも死刑に関する様々な取り組みを継続している。以下では、国連総会、人権委員会、人権小委員会の取り組みを若干紹介したい。

国連総会では、死刑廃止条約採択に至るまでに、様々な取り組みがなされ、決議が重ねられた。

一九七七年の決議は、「死刑に関する分野での追求すべき主要な目標は、死刑を廃止することが望ましいという観点から死刑相当犯罪の数を漸次制限するものであることを再度確認する」とした。

一九八〇年の決議は、世界における即決処刑や恣意的処刑に懸念を表明し、自由権規約が保障する最低基準を加盟国が遵守するよう求めた。一九八四年の決議は、「死刑に直面する者の権利保護の保障に関する決議」であった。一九八九年の決議は、「死刑に直面する者の権利保護の保障の履行に関する決議」であった。

こうした背景のもとに死刑廃止条約が実現したのである。

なお、一九九六年の国連経済社会理事会決議は「死刑に直面する者の権利保護の保障に関する決議」をさらに発展させ、死刑事件における通訳・翻訳の充実、控訴・恩赦請求の時間の保障、死刑囚処遇における権利保護を求めている。

国連事務総局は、経済社会理事会決議に基づいて、一九七五年以後五年ごとに死刑に関する最新情報と分析を行なった報告書を提出してきた。二〇〇五年三月九日付で提出された第七次報告書は一九九九年から二〇〇三年の死刑情報に関する検討を行なっている。報告書は、各国を、①戦時・平時のすべての死刑廃止国、②平時の通常犯罪についての死刑廃止国、③死刑存置国で一〇年以上執行していない国、④過去一〇年間に執行を行なった国、に分類している。七〇カ国の死刑廃止国について、死刑再導入の例がないことを確認している。報告書は、日本についても言及している。日本政府見解、日弁連見解、安田好弘（弁護士）の論文を紹介して、死刑執行の秘密主義、責任能力の判定基準、弁護人選任権の限界、確定死刑囚の恩赦を求める権利の制約、再審等の進行中の死刑執行などの問題点を指摘している。(24)

第5節　国連人権委員会

国連人権委員会は、一九九七年以降二〇〇五年に至るまで九回にわたって、死刑に関する決議を続けてきた。(25)二〇〇六年春には人権委員会の改組（人権理事会の創設）が中心議題となったため、決議は行なわれなかった。以下では二〇〇二年以後の決議の状況を紹介する。

一　二〇〇二年決議

［六度目の決議］

二〇〇二年四月二五日、国連人権委員会五八会期は死刑問題に関する決議（二〇〇二／七七）を賛成多数で採択した。一九九七年以来六度目になる。

人権委員会は、世界人権宣言や自由権規約を想起し、一九七七年の死刑に関する国連総会決議や死刑廃止条約や数度にわたる経済社会理事会決議を想起し、一九九七年以来の決議を想起し、国際刑事裁判所規程がその刑罰から死刑を除外したことを歓迎し、最近死刑を廃止した国や、死刑廃止条約を批准した国があることを歓迎し、死刑を存置しているが執行を猶予している国があることを歓迎し、死刑に直面する者の権利の保護が考慮されていない国家に関心をもって、次のように決議した。

①死刑、および死刑に直面する者の権利保護に関する第六次事務総局報告書が提出されたことを歓迎する。

②犯行時に一八歳未満の者への死刑に関する国連人権小委員会の二〇〇〇年決議を再確認する。

③自由権規約の当事国で死刑廃止条約を批准していない国に批准を呼びかける。

④死刑存置国に次のことを促す。

a自由権規約や子どもの権利条約に応じて、死刑はもっとも重大な犯罪のみに用いられ、独立公平な裁判所による確定判決によるものであり、一八歳未満の者や妊娠している女性には適用しないこと。

bすべての法手続きが自由権規約第一四条の手続的保障に合致し、独立公平な裁判所による適正手続きに従うように確保すること。

cもっとも重大な犯罪とは故意犯で極度に重い結果を引き起こす犯罪であり、非暴力犯罪は含まれないこと。

d自由権規約第六条は生命権保護の最低限のルールを確認したものであり、これを反対解釈しないこと。

e死刑に直面する者の権利保護に関する国際的責務を守ること。

f精神病等の罹患者に死刑を科したり執行したりしないこと。

g国際的であれ国内的であれ、関連する法手続きが進行中の者に死刑を執行しないこと。

⑤死刑存置国に次のことを呼びかける。

a死刑を科しうる犯罪を徐々に制限すること。

b死刑廃止に向けて、執行猶予を確立すること。

c死刑に関する情報を公開すること。

ｄ死刑の適用および死刑に直面する者の権利保護に関する情報を事務総局および関連する国連機関に提供すること。
⑥死刑を適用していないが存置している諸国に法律を廃止するよう呼びかける。
⑦死刑を科される恐れのある者を死刑存置国に送還しないよう各国に要請する。
⑧死刑に関する報告書を人権委員会に提出するよう事務総局に要請する。それには特に犯行時一八歳未満の者に対する死刑に関する情報が含まれるよう要請する。
⑨五九会期にもこの議題を取り上げる。

二〇〇一年までの決議と比較すると、⑤ｄが新たに付け加えられた部分であり、それ以外はほぼ従来通りである。

［投票結果］

投票は賛成二五、反対二〇、棄権八であった。[26] ④ｇ、⑤ｂ、⑦を削除するという修正案は、賛成一八、反対二七、棄権七で否決された。

インドは「国際社会は死刑問題でコンセンサスに達していない。もっとも重大な犯罪だけに適用し適正手続きを保障することには同意する。インドでは死刑は例外的である。死刑判決は上級審によって検証される、少年には適用していない」と述べた。

アルジェリアは「決議は毎年登場しているが、人道的アプローチに問題を生じている。アルジェリアには猶予制度がある。南アフリカにおけるような暗殺をどうするのか、さらに議論するべきである」と述べた。

コンゴ民主共和国は「決議に賛成できない、猶予制度があるので死刑の適用は減っている、民主主義を尊重し、死刑の存廃は議会と人民が決めるべきである」と述べた。

リビアは「この決議は司法に関するものであり人権に関するものではない。刑事司法制度のあり方は各国が決めることである。リビアでは妊娠している女性に死刑を適用していないが、決議には反対である」と述べた。

サウジアラビアは「四四カ国を代表して、EU（ヨーロッパ連合）の決議に反対である」と表明し、文書を配布した。

プレスリリースには以上の五カ国の発言しか記録されていない。提案国の趣旨説明も省略されている。二〇〇一年までに何度も発言してきたからであろう。死刑問題決議自体が、ある意味ではマンネリ化しているように思われる。事務総局報告書に基づいた議論を展開したり、決議文を刷新するなどの工夫が必要になってきているようだ。

二　二〇〇三年決議

［七度目の決議］

二〇〇三年四月二四日、国連人権委員会五九会期は、EU諸国が提案した死刑問題に関する決議（二〇〇三／六七）を賛成二四、反対一八、棄権一〇で採択した。(27)

①死刑に関する国連事務総長報告書を歓迎する。
②犯行時に一八歳未満の者への死刑に関する国連人権小委員会の二〇〇〇年決議を再確認する。
③自由権規約の当事国で死刑廃止条約を批准していない国に批准を呼びかける。
④死刑存置国に次のことを促す。
　a 一八歳未満の者や妊娠している女性に死刑を科さないこと。
　b 死刑はもっとも重大な犯罪について、独立公平な裁判所による適正手続きに従うこと。
　c すべての法手続きが自由権規約第一四条の手続的補償に合致するように確保すること。
　d もっとも重大な犯罪とは故意犯で極度に重い結果を引き起こす犯罪であり、非暴力犯罪は含まれないこと。
　e 自由権規約第六条の目的に反するような新しい留保を行なわないこと。
　f 死刑に直面する者の権利保護に関する国際的責務を守ること。
　g 精神病等の罹患者に死刑を科したり執行したりしないこと。
　h 被養育幼児のいる母親に死刑を科さないこと。
　i 死刑が適用される場合でももっとも苦痛の少ない方法で非公開で行なわれるべきであること。
　j 国際法や国内法上の関連手続きが進行中の者には死刑を執行しないこと。

⑤死刑存置国に次のことを呼びかける。
a死刑を科しうる犯罪を徐々に制限すること。

b最終的には死刑を廃止し、それまでの間死刑執行猶予を確立すること。

c死刑に関する情報を交換すること。

d死刑の適用および死刑に直面する者の権利保護に関する情報を事務総局および関連する国連機関に提供すること。
⑥死刑を適用していないが存置している諸国に法律を廃止するよう呼びかける。
⑦死刑を科さない保障のない国への死刑事件に関する引渡し要請を拒否すること。
⑧死刑に関する報告書を人権委員会に提出するよう事務総局に要請する。それには特に犯行時一八歳未満の者の死刑に関する情報が含まれるよう要請する。
⑨六〇会期にもこの議題を取り上げる。

二〇〇二年の決議と比較すると、④h·iは新たに付け加えられた部分であり、その他にも文章表現上の変化がいくつか見られる。同種の決議が毎年続いてきたため、マンネリ化のおそれがあり、提案国は順次、新しい条項を加えるなどの努力をしている。

［各国の発言］

インドは「国際社会は死刑に関して合意に至っていない。死刑廃止は徐々に進められるべきであり、死刑はもっとも嫌悪するべき犯罪だけに科されるべきであり、インドでは死刑は例外であり、少年犯罪者には死刑は科されないし、妊娠している女性は執行されない」と述べた。

アルジェリアは「決議文を十分理解している。最近一〇年間は死刑執行猶予を行ない決議内容を履行している。死刑問題については明晰な議論が行なわれるべきであり、アルジェリアは当面執行猶予を続けるであろう」と述べた。

コンゴ民主共和国は「ほとんどすべての国際人権文書を批准し、死刑に関しては法典が認めているが、もっとも重大な犯罪を犯した者に限定されている。真の民主主義を実現するには情報、発展、平和が不可欠である。それは長期的目標であり、いくつもの障害があり、死刑を廃止したいと考え最近二年間猶予を行なっている。しかし決議の要請を満たすことはできないので棄権する」と述べた。

サウジアラビアは「四六のオブザーバーを代表して、死刑廃止決議に加わらない理由を文書で配布する。時間の節約のために読み上げないが、議長に公式文書として採用するよう要請する」と述べた。

アメリカは「適正手続きが尊重され、もっとも重大な場合に限定されていれば、国際法は死刑を禁止していない。国内法で採用する刑罰については各国が自分で決めるものである」として、決議に反対を表明した。

ケニアは「死刑廃止には国際的合意がないし、国内でも合意がない。ケニアでは死刑は暴力犯や殺人犯にしか適用されず、しかも一〇年以上執行されていない。死刑廃止にはまだ論争があり、徐々に実現していくものである」として、棄権を表明した。

タイは「死刑廃止には国際的合意がないので、死刑それ自体が人権侵害ではないと考える。問題は必要な保護がなされることである」と述べた。

リビアは「決議は支持できない。リビアでは死刑は規定されているが適用されていない。死刑の適用は上級審によって制約される」と述べた。

インド、コンゴ民主共和国、アルジェリア、リビア、サウジアラビアは前回も同様の意見を述べていた。アメリカも、人権委員でなかった時期を除いて、いつもと同じ発言である。

日本は発言していない。死刑廃止法案が話題となった韓国も決議には反対したが、特に発言していない。

三　二〇〇四年決議

［八度目の決議］

二〇〇四年四月二一日、国連人権委員会六〇会期は、ＥＵ諸国が提案した死刑問題に関する決議（二〇〇四／六七）を賛成二九、反対一九、棄権五で採択した。(28)

①死刑に関する国連事務総長報告書を歓迎する。

②犯行時に一八歳未満の者への死刑に関する国連人権小委員会の二〇〇〇年決議を再確認する。

③自由権規約の当事国で死刑廃止条約を批准していない国に批准を呼びかける。
④死刑存置国に次のことを促す。
ａ一八歳未満の者による犯罪には死刑を科さないこと。

ｂ妊娠している女性や幼児のいる母親には死刑を科さないこと。

ｃ精神病等の罹患者に死刑を科したり執行したりしないこと。

ｄ死刑は、もっとも重大な犯罪に限り、独立公平な裁判所による適正手続きに従うこと。

ｅすべての法手続きが自由権規約第一四条の手続的保障に合致するよう確保すること。

ｆもっとも重大な犯罪とは故意犯で極度に重い結果を引き起こす犯罪であり、非暴力犯罪は含まれないこと。

ｇ自由権規約第六条の目的に反するような新しい留保を行なわないこと。

ｈ死刑に直面する者の権利保護に関する国際的責務を守ること。

ｉ死刑が適用される場合でももっとも苦痛の少ない方法で行なわれ、公開処刑は行なわないこと。

ｊ国際法や国内法上の関連手続きが進行中の者には死刑を執行しないこと。
⑤死刑存置国に次のことを呼びかける。
ａ最終的には死刑を廃止し、それまでの間死刑執行猶予を確立すること。

ｂ死刑を科しうる犯罪を徐々に制限すること。

c死刑判決や執行に関する情報を利用できるようにすること。

d死刑の適用および死刑に直面する者の権利保護に関する情報を事務総局および関連する国連機関に提供すること。
⑥死刑を適用していないが存置している諸国に死刑を廃止するよう呼びかける。
⑦死刑を科さない保障のない国への死刑事件に関する引渡し要請を拒否すること。
⑧死刑に関する報告書を人権委員会に提出するよう事務総局に要請する。それには特に犯行時一八歳未満の者の死刑に関する情報が含まれるよう要請する。
⑨六一会期にもこの議題を取り上げる。
決議の内容は前年と同じだが、配列順序に大きな変化がある。④b後段の幼児のいる母親への言及や、④iは、昨年初めて掲げられた項目だが、その配列は異なっている。
[各国の発言]
サウジアラビアは「アラブ諸国を代表して、EU諸国が提出している死刑問題に関する決議には賛成しない」と述べた。サウジアラビアは、前年までも同様にアラブ諸国を代表して反対の意思表明を行なうとともに、反対理由を文書で示してきた。
インドは「国際社会は死刑問題でコンセンサスに達していないし、死刑廃止のような人権問題は徐々に前進するものである。インドでは死刑は例外的である。いくつかのパラグラフについて別途投票を求める」と発言した。従って、インド政府が修正案を提出し、投票が行なわれたものと思われるが、プレスリリースにはその経過が省略されている。

ナイジェリアは「死刑事件は限定されている。大統領が設置した委員会が死刑に関する見直しをし、刑務所改革をはじめとする刑事司法改革が行なわれた。過去数年間は死刑執行は行っていないが、憲法は死刑条項を存続させている。死刑はもっとも重大な犯罪に限られている。死刑廃止を義務づけるような決議には反対する」と述べた。

スリランカは「刑法ではもっとも重大な犯罪についてのみ死刑を残しているが、執行猶予中であり二〇年以上執行をしていない。しかし死刑廃止は国際法の帰結とはいえないし、その選択は各国にゆだねられている。それゆえ決議を支持はできない」と述べている。

人権委員会構成国が順次変化しているが、前年に反対意見を表明したアメリカは委員であり続けながら、今会期は発言していない。前年と同様に反対投票しているが、あえて発言まではしなかったのであろうか。

日本政府も発言していない。日本は、人権委員会で死刑に関する決議がはじめて採択された一九九七年には反対意見を表明し、反対投票をした。その後は特に発言はせず、一貫して反対投票している。

これに対して、今回変化を示したのが韓国である。韓国は死刑存置国である。これまで死刑決議には反対投票してきたが、今会期になってはじめて棄権に回った。投票に際して特に意見表明をした記録が残っていないので、棄権に回った理由は不明である。決議文の内容は前年と同じであるから、決議内容によって変化したわけではない。韓国の側の事情によるものと推測できる。

韓国では金大中大統領時代には死刑執行がなされていない。盧武鉉大統領も死刑は執行しないと表明している。死刑執行は法務部長官の職責だが、特赦権・赦免権を有している大統領が死刑執行をしないと表明しているので、法務部も執行はしていない。

他方、一九九九年には九一人の議員により死刑廃止法案が国会に上程されたが、審議未了で廃案となった。続いて、二〇〇一年には一五五人の議員により死刑廃止法案が国会に上程された。国会議員は二七七名なので、過半数を超える議員である。この法案は国会法制委員会に付託されている。公聴会を開く予定もあるという。[29]

こうした経過に照らして、韓国は国連人権委員会での死刑問題決議に反対することをやめて棄権に回ったものと考えられる。

四　二〇〇五年決議

［九度目の決議］

二〇〇五年四月二〇日、国連人権委員会六一会期は、ＥＵ諸国が提案した死刑問題に関する決議（二〇〇五／五九）を賛成二六、反対一七、棄権一〇で採択した。[30] 概要は次の通りである。

①死刑が世界で継続していること、特に国際的な公正さの基準に合致しない裁判や、自由権

規約や子どもの権利条約の制約に反する死刑適用に関心を表明する。
②差別的法・政策に基づく死刑適用の継続を非難する。
③ジェンダー差別法・政策に基づく女性の死刑、少数者への不均衡な死刑適用事例を非難する。
④死刑に直面する者の権利の保護に関する国連事務総局報告書を歓迎する。
⑤死刑存置国に次のように呼びかける。
ａ死刑を完全に廃止し、それまでの死刑執行猶予を確立すること。

ｂ死刑を科しうる犯罪を徐々に制限すること。

ｃ死刑判決や執行に関する情報を利用できるようにすること。

ｄ死刑の適用および死刑に直面する者の権利保護に関する情報を事務総局および関連する国連機関に提供すること。
⑥自由権規約を批准しているが死刑廃止条約を批准していない各国に条約を批准するように呼びかける。
⑦死刑存置国に次のように呼びかける。
ａ一八歳未満の者による犯罪には死刑を科さないこと。

ｂ妊娠している女性や幼児のいる母親には死刑を科さないこと。

ｃ精神病等の罹患者に死刑を科したり執行したりしないこと。

d死刑は、もっとも重大な犯罪に限り、独立公平な裁判所による適正手続きに従うこと。

eすべての法手続きが自由権規約第一四条の手続的保障に合致するよう確保すること。

fもっとも重大な犯罪とは故意犯で極度に重い結果を引き起こす犯罪であり、非暴力犯罪は含まれないこと。

g自由権規約第六条の目的に反するような新しい留保を行なわないこと。

h死刑に直面する者の権利保護に関する国際的責務を守ること。

i死刑が適用される場合でももっとも苦痛の少ない方法で行なわれ、公開処刑等は行なわないこと。

j国際法や国内法上の関連手続きが進行中の者には死刑を執行しないこと。
⑧死刑を適用していないが存置している諸国に死刑を廃止するよう呼びかける。
⑨死刑執行猶予を中断したり、中断すると発表した諸国に執行を延期するよう呼びかける。
⑩死刑を科さない保障のない国への死刑事件に関する引渡し要請を拒否すること。
⑪死刑に関する報告書を人権委員会に提出するよう事務総局に要請する。それには特に犯行時一八歳未満の者に関する情報が含まれるよう要請する。
⑫六二会期にもこの議題を取り上げる。
前年までと比べると決議の内容には少々変化がある。①、②、③および⑨は今回初めて入った。それ以外は従来通りである。従ってジェンダー観点の導入が新しい部分といえよう。

一貫して反対してきた中国、日本、アメリカおよびイスラム諸国の投票行動には変化がない。韓国は五九会期までは反対であったが、六〇会期から棄権に転じている。六〇会期までは反対だったインドとナイジェリアが棄権に回ったのはやや驚きである。

［各国の発言］

サウジアラビアは「中国、エジプト、エリトリア、日本などを代表して反対である」と表明し、文書を配布した。人権委員会オブザーバーの四九カ国が賛成している。人権委員会メンバー一七カ国とあわせて六六カ国が死刑廃止決議に反対表明したことになる。

インドは自ら提出した修正案が否決されたが、決議案には棄権した上で次のように述べた。「死刑存廃判断は主権国家の権利である。インドでは女性への死刑執行はない。死刑に関してはさらに詳細な法制度間の検討が必要である」。

オランダは、ＥＵ諸国など八〇カ国を代表して次のように発言した。「決議案のキー概念に反するインド修正案は大差で否決された。すべての諸国が決議案に賛成するよう求められている」。

ナイジェリアは「死刑を重大犯罪に限定し適正手続きによって裁いている。大統領は死刑を検証する機関を設置した。ナイジェリアは市民の保護、公共の秩序を守り、生命権を恣意的に剥奪しない。投票は棄権する」と述べた。

スリランカは「死刑存置だが、最近二六年間適用されていない。執行猶予制度が採用されている。投票は棄権する」と述べた。

ケニアは「人権委員会は困難な問題に直面している、陪審制については議論がなされていない。ケニアでは死刑はもっとも重大な犯罪に限られているし、一五年間事実上の執行猶予が続いている。政府は廃止を試みているが、議会の賛成を得られない。議会は賛否両論分かれている。政府は死刑を終身刑に軽減することができる。決議には棄権する」と述べた。

アメリカは「死刑廃止決議には反対である。死刑廃止に国際的合意は存在しない。国際法は適正手続きによる重大犯罪への死刑適用を認めている。連邦最高裁は死刑の合憲性を繰り返し支持している。アメリカは拷問等禁止条約や自由権規約を批准しているが、死刑問題に関しては留保している。死刑問題は国内問題である」と述べた。

スーダンは「死刑は論争中の問題であり、人権委員会はイデオロギーを命令することはできない。決議案は支持できない」と述べた。

サウジアラビアが「中国、エジプト、エリトリア、日本などを代表して」と述べたことは注目される。前年まではサウジアラビアは「イスラム諸国を代表して」と述べてきた。ところが、日本がここに含まれたということは、事前に日本政府の了解を得ていることを意味する。イスラム諸国の決議反対理由と日本政府の決議反対理由は異なったはずである。それが二〇〇五年には同じになったのであろうか。

五　恣意的処刑に関する特別報告書

国連人権委員会六一会期に提出された「司法外・即決・恣意的処刑に関する特別報告書」に日本に関して次のような情報が掲載されている。

二〇〇四年三月二三日の緊急アピール。向井伸二は、四二歳の確定囚で精神的健康を害していたが、二〇〇三年九月一二日、大阪拘置所で執行されたという。報告によると、執行されることは家族にも弁護人にも知らされていなかった。彼は、一九八五年に三人を殺害したかどで一九八八年二月に死刑を言い渡されたという。一九九六年一二月以来、判決に対するすべての申立てが棄却されていた。受け取った情報によると、執行されたとき、弁護人は再審請求の準備中であった。この件について特別報告者は日本政府にアピールを送ったが、報告書提出までに日本政府からの回答はなかった。[31]

［恣意的処刑報告者］

恣意的処刑に関する特別報告者は、アスマ・ジャハンギルの六年間の研究活動を、フィリップ・アルストンが継承した。アルストンはその最初の報告書[32]において、ジャハンギルの研究を引き継ぐとともに、任務に関してさらに研究を発展させたいとしている。人権委員会から託された任務を、アルストンは次のように整理しなおす。

①恣意的処刑に関する状況の検討、事実・結論・勧告の提出、②恣意的処刑が起きたり、そのおそれのあるとの情報への効果的な対応、③政府との建設的対話や調査訪問、④女性に対す

る恣意的処刑への特別の注意、⑤子ども、特に少数者の子どもに対する恣意的処刑への特別の注意、⑥人権活動家の平穏な活動に対する恣意的処刑への特別の注意、⑦死刑執行などに関する国際基準の履行監視。

そして、研究活動の指針となる法的枠組みとして、①恣意的処刑の効果的予防・捜査諸原則、②法執行官実力行使基礎原則、③国際刑事裁判所規程、④犯罪被害者のための司法基礎原則宣言をあげている。

アルストンは、一年間に受け取った世界各地の関連情報を報告書付録にすべて掲載し、分析している。情報は六三カ国から二〇一件受け取ったが、男性五七八人、女性九四人、性別不詳一一三四人であり、難民一〇五人、国内避難民五〇〇人、宗教的少数者三〇人、民族的少数者二七〇人、人権活動家二九人、ジャーナリスト一九人などである。名誉殺人が七人、差別的理由による殺害が四人である。

死刑に関して国際基準を尊重していない例として、アフガニスタン、バルバドス、中国、インドネシア、イラン、イラク、日本、カザフスタン、レバノン、リビア、ミャンマー、パキスタン、スーダン、タジキスタン、アメリカ、ウズベキスタン、イエメンがあげられている。権力による殺害の脅迫として、アルジェリア、アゼルバイジャン、バングラデシュ、ブラジル、カメルーン、チリ、中国、コロンビア、コートジボアールなど。拷問による死亡の例として、ブラジル、カメルーン、中国、コロンビア、コンゴ民主共和国、エジプト、ギニアなど。武力紛争時における民間人の死亡の例として、イスラエル、スーダン、イギリス、アメリカ（後二者はイラクにおけるアブグレイブ刑務所などの拷問の件）。女性や子どもの死亡事例も数多く掲載している。

これらについてアルストンは当該政府に情報を送付しているが、回答があったのは五四％である。日本政府のように回答しない政府が半分であり、永年確立した特別報告者制度に回答をしないのは問題であると述べている。回答のうち実質的な内容のあるものが一七％、部分的回答が二〇％、中立ての否定が一四％である。

［重要問題］

アルストンは、特別報告者の任務のうち、政府が予防と説明責任について役割を果たすべき重要問題を四つにまとめて論述している。予防については、早期警告のメカニズム、法執行官の人権訓練、人権尊重保障措置、司法におけるジェンダー観点を強調している。説明責任については、国際人権基準による措置と、国内措置と国際措置の関連について説明している。

①ジェノサイドと人道に対する罪は、すべての国家と国際共同体の関心事項である。国際刑事裁判所が唯一の確立したメカニズムなのに反対がエスカレートしている。国連事務総局によるファン・メンデス「ジェノサイド予防特別顧問」任命や「ダルフールに関する独立調査委員会」設置などの発展が見られる。二〇〇四年一二月には「脅威・挑戦・変化に関するハイレベル・パネル」が開催された。

②武力紛争時における生命権侵害について、テロ対策を口実とした死亡事例が顕著である。イエメンでアル・カイーダ被疑者の殺害、イラクにおける国際人権法違反が見られる。自国の領域以外では国際人権法は適用されないとか、武力紛争時には国際人道法が適用されるので国際人権法は適用されないという主張があるが誤りである。二〇〇四年の国際司法裁判所の勧告的意見は自国領域以外にも国際人権法が適用されるとしているし、国際人道法の適用が国際人権法の適用を排除するわけではないとしている。

③人権委員会は特別報告者に、死刑について関連するすべての基準履行の監視を要請してきた。死刑にはいまだに秘密主義が伴うが、情報公開が必要である。恣意的処刑の予防のためだけではなく、死刑に関する議論のためにも情報公開が必要である。各国は関連情報の年次報告を出すべきである。必要的死刑規定は量刑判断を否定するので問題である。

④非国家主体による生命権侵害も続発している。政府の非公式組織・準軍隊、私的な監獄や武力組織、犯罪集団や社会的慣習（名誉殺人など）、武装反対勢力による殺人である。

最後に、国際刑事裁判所規程を批准すること、安保理事会常任理事国はジェノサイドや重大人権侵害事例に適切に対処すること、人道法違反に関する国内レベルの捜査の履行と結果の公開、人権委員会は民間人の意図的殺害を拒否するべきこと、死刑に関する情報公開の促進、国際基準に従った死刑年次報告書の提出などを勧告している。

六　国連人権小委員会

人権委員会のもとに設置された専門家委員会である人権小委員会（かつての差別防止少数者保護小委員会、現在は人権促進保護小委員会）は、少年に対する死刑について決議をしている。

一九九九年の人権小委員会決議は、一九九〇年以来少年を処刑したのはイラン、ナイジェリア、パキスタン、サウジアラビア、アメリカ合州国、イエメンであると記録した上で、①少年に対する死刑適用と執行を非難し、②少年への死刑の廃止を呼びかけ、③良心的兵役拒否者に死刑を科さないよう呼びかけ、④二一世紀を迎える記念に死刑猶予を行なうよう呼びかけている。

二〇〇〇年の人権小委員会決議は、①少年に対する死刑適用を非難し、②少年に対する死刑が国際法違反であることを強調し、③子どもの権利条約の批准と少年に対する死刑の廃止を呼びかけている。

第6節　国際機関

国連以外の多くの国際機関も死刑廃止や死刑囚処遇の改善に向けた取り組みを続けている。以下では、ごく一部を紹介するにとどめる。

自由権委員会は、一九九七年、自由権規約（市民的政治的権利に関する国際規約）に基づく日本政府報告書審査の結果、日本の死刑について主要な懸念事項として取り上げ、日本が死刑廃止に向けた措置をとるようコメントを付した。自由権規約自体は死刑廃止を要請していないが、自由権委員会が過去に積み重ねてきた審議とコメントをもとに、死刑廃止が望ましいとしている。他の諸国に対しても同様の勧告がなされている。

一九九八年、欧州議会は「死刑——第三国に対する欧州連合の方針についてのガイドライン」を採択した。欧州連合はガイドラインに基づいて、国連人権委員会に死刑廃止決議案を出し続け、アメリカ合州国における少年死刑事件に関して「アミカス・キュリエ（裁判所の友）」として法的鑑定を行なっている。二〇〇二年、減刑が決定された。欧州連合は一九九七年以来、中国との間で人権に関する対話を始め、二〇〇一年には死刑に焦点を当てたセミナーを北京で開いた。

二〇〇一年六月、欧州評議会は、日本とアメリカに死刑執行の一時停止と死刑囚処遇の改善を求めて、進展がなければ欧州評議会オブザーバーの地位の継続に異議を唱えると決定した。これを受け、二〇〇二年五月、参議院会館で、欧州評議会議員会議と日本側の死刑廃止を推進する議員連盟の主催で「司法人権セミナー——死刑廃止」が開催された。[33] 欧州評議会は、二〇〇五年一〇月一〇日の世界死刑廃止デーに、事務総長声明を発して、欧州評議会のオブザーバー資格を持つアメリカと日本に死刑廃止を求めた。

第7節　各国の動き

アムネスティ・インターナショナルによると、二〇〇六年一月一日現在の死刑存廃国状況は以下の通りである。[34]

①全面的に廃止した国：八六カ国
②通常犯罪のみ廃止した国：一一カ国
③事実上廃止した国：二五カ国
④存置国：七四カ国

全面的に廃止した国がすでに存置国を上回っている。通常犯罪のみ廃止した国も加えると廃止国が九七カ国になり、さらに事実上廃止した国を加えると過半数を大きく超えたことになる。この計算方法には第2節に示したように疑問も提起されている。通常犯罪のみ廃止した国は「部分的廃止」であるから「部分的存置」でもあるし、事実上廃止した国を廃止国に数えるのはさらに疑問ということになる。

二点確認しておこう。

第一に、「部分的廃止」の多くは「死刑廃止に向けた部分的存置」である。しかし、「部分的存置」は「死刑存置に向けた部分的存置」というわけではない。「部分的廃止」と「部分的存置」の意味合いを同じレベルで考えることはできないだろう。死刑の存廃について何事かを決めるために議論がなされた条約に意味があるのであって、その他の条約を根拠にした議論には疑問が残る。

第二に、死刑廃止が国際的潮流であると言えるか否かは、廃止国と存置国を単純に比較するだけでは論議できないだろう。死刑廃止に向けた国際文書が歴史的に発展して、加速してきたのと同様に、特に一九八〇年代以降になって死刑廃止国が増加してきたこと、死刑存置国が減少し続けてきたことが確認できる。

最近の死刑を廃止した国は、東ティモール、トルクメニスタン、ラトビア（一九九九年）、マルタ（軍法から死刑削除）、ウクライナ、ボスニア・ヘルツェゴヴィナ、コートジボアール（二〇〇〇年）、ギリシア（戦時死刑廃止）、ユーゴスラヴィア連邦、チリ（二〇〇一年）、キプロス、トルコ（二〇〇二年）、アルメニア、カザフスタン、キルギス（二〇〇三年）、サモア、ブータン、セネガル（二〇〇四年）、メキシコ、リベリア（二〇〇五年）などである。

同時期に死刑執行停止を決めた例として、イリノイ州、グアテマラ、フィリピン、メリーランド州があり、減刑を決めた例としてロシア、ナイジェリアがあり、死刑適用の縮小を決定した例として、フィジー、カリブ海諸国、台湾などがある。

現在、死刑を存置し執行している国の代表として知られるのが、アメリカ合州国、中国などのアジア諸国、サウジアラビアなどのアラブ諸国である。

アメリカ合州国は、国連人権委員会の死刑廃止決議の採択に際して反対投票し、国際法は死刑廃止を要請しているとはいえない、死刑問題は国内問題であるとの主張を続けている。他方、二〇〇三年一月、イリノイ州のライアン知事が誤判の危険性を理由に一六七人の死刑囚を減刑したことはセンセーショナルな話題となった。(35)

中国では、二〇〇一年から犯罪撲滅キャンペーンが推進され、贈収賄、横領、詐欺、禁制品販売などの経済犯罪にも死刑適用を可能としている。[36]

サウジアラビアも、国連人権委員会で、アラブ諸国を代表して、死刑廃止決議に対する反対討論の先頭に立っている。近年の執行数の増加が懸念されている。

二〇〇〇年以降の執行再開の例として、マレーシア、ギニア、バングラデシュ、ボツワナ、ジンバブエなどが確認されている。

第8節　生命権と死刑

それでは生命権とはいかなる内容を持つものであろうか。クレイトンとトムリンソンの『人権法』の素描をもとに検討しておこう。[37]

自由権規約委員会の一般的勧告も述べているように、「生命権はすべての人権のうちもっとも基本的なものであり、その他の人権を享受するための基礎となる前提である」。古くはアメリカ合州国憲法修正第五条に生命権の表現を確認することができるが、今日的な生命権の思想は世界人権宣言第三条に由来する。これを発展させたのが自由権規約第六条である。その後のいくつかの条約を含めて、これらの国際文書は一方で生命権を規定しつつ、死刑を例外として容認していた。早くから死刑を廃したドイツ連邦共和国憲法第一〇二条が知られる。

生命剥奪の一般的禁止による生命権保護には争いはないが、権利の射程をどのように見るか、生命保護の責務をどのように規定するか、禁止の例外をどう考えるかについては複雑な問題が残されていた。

欧州人権条約を批准する以前の連合王国（イギリス）について見ると、コモン・ローが生命権を認めていた。しかし、生命保護の責務については、たとえば、堕胎、安楽死および行政法における生命権をめぐって議論が続いていた。そして、死刑執行や、正当防衛による死の結果、逮捕に伴う実力行使などの例外が認められてきた。

欧州人権条約第二条第一項は、すべての者の生命権を保障し、法律により定めのある死刑以外に生命を奪われないとした。同条第二項は、正当防衛、逮捕および暴動鎮圧の場合に絶対に必要な実力行使の結果としての生命剥奪を容認している。

欧州人権条約の解釈においても、生命権は、条約のもっとも基本的な規定とされ、「民主社会の基礎となる価値」とされている。

同条第一項第二文は死刑存置を容認していたが、欧州人権条約第六議定書（欧州死刑廃止条約）は、平時における死刑廃止を定めた。

クレイトンとトムリンソンは、欧州人権条約第二条第一項は、国家に対して、人間生命の保護のために効果的な法律を制定し、その法律を実施するのに必要な措置をとることを義務づけていることを確認する。この義務を果たすためには、国家は、人身犯罪を抑止する効果的な刑事立法を行なわなければならない。もっとも、法違反に対処する責任の範囲については各国に判断が委ねられている。

以上のことを確認した上で、クレイトンとトムリンソンは、欧州死刑廃止条約の下での死刑に言及している。欧州死刑廃止条約は一九八五年三月一日に発効し、イギリスは一九九九年一月二七日に批准した。欧州死刑廃止条約の当事国になった国家には、法律から死刑を削除しなければならないとしている。さらに、すべての個人は死刑を言い渡されたり執行されない権利を有する。死刑が科される現実の危険のある国家に人を引き渡すことも欧州死刑廃止条約に違反する。欧州死刑廃止条約第三条は適用除外を禁止し、第四条は留保を禁止している。

一九九八年のイギリス人権法第一条は、条約上の権利としての「権利及び基本的自由」に欧州死刑廃止条約第一条および第二条を列挙している。人権法第二条は、裁判所が条約上の権利を解釈する際に、欧州人権裁判所の判決・決定・宣言・勧告的意見、条約に基づいて提出された報告書に関する欧州人権委員会の意見、欧州閣僚委員会の決定などを考慮することとしている。そして、イギリス人権法第三条は欧州人権条約と同じ規定を掲げ、立法による条約の国内法化を行なっている。これらを通じて、イギリスでは、もっとも基本的な人権であり、その他のすべての人権の基礎となる生命権が保障され、死刑が廃止されることが完全に確定した。イギリスは、欧州人権条約第一三議定書が採択される以前から、全面的死刑廃止国である。

もちろん、生命権の議論にも限界がある。イギリスでも堕胎や安楽死問題が議論され続けているし、正当防衛や逮捕に伴う実力行使の問題も残されている。とりわけ個人と個人の生命が対立する局面では、単純に生命権と唱えてすむはずのないことは明らかであり、さらに検討を要する。

ただし、国家による生命剥奪をできうる限り回避することが生命権の思想の中核にあり、死刑廃止はその典型的な応用問題であること、それゆえにこそ死刑廃止が国際的潮流となってきたことを再確認しておきたい[38]。

第9節　死刑廃止のための戦略

本節では、ピーター・ホジキンスンとウィリアム・シャバス編『死刑――廃止のための戦略』を紹介したい[39]。

ホジキンスンは、ロンドンのウェストミンスター大学ロースクール死刑研究センターを設立した事務局長であり、一五年におよぶ保護観察官の経験を有する。シャバスは、アイルランド国立大学教授、アイルランド人権センター所長である。戦争犯罪やジェノサイドに関しても多数の著作がある。

本書は、国家が死刑を廃止したり制限したりするのに決定的な要因は何であるのか、死刑存置の理由は何であるのかを解明することによって、死刑に関する国家政策に変化をもたらす戦略を追求している。アメリカの情報が中心ではあるが、韓国、リトアニア、日本、カリブ諸国の情報も紹介・検討している。一五本の論考が収録されている。

冒頭のホジキンスンの論文「死刑――その改善か除去か」は、シャバス「国際法と死刑――変化の反映か促進か」とともに本書の基調論文である。ホジキンスンは、死刑廃止は第二次大戦後の権利運動の未完の到達であるとして、その傾向が二一世紀にも継続するか否かに関心を寄せ、論点を整理している。

第一に、最近の廃止論者が執行猶予運動に力を入れていることを取り上げ、前進であるのか先送りにすぎないのかを検討している。ホジキンスンは、保守派で死刑存置論者であったライアン・イリノイ州知事が示した劇的な変化に着目する。続いてグレンデニング・メリーランド州知事も執行猶予を宣言した。

次に抑止に関する議論、判事による判決と陪審による判決の対比を一瞥し、誤判や無辜の執行に関して、一九九三年に誤判と判明して釈放されたウォルター・マクミリアンの例を検討し、死刑冤罪が数多くあることを指摘している。次にアメリカの死刑に関する人種差別を取り上げ、植民地主義と奴隷制の遺産である人種差別がいまだに大きな影を及ぼしていると確認している。また少年や精神障害と死刑について考察した上で、「世論対教育」を論点として、世論を死刑正当化に使う議論に対して、教育の重要性を論じている。さらに欧州やアジアの状況も概観した上で、廃止運動が過去一〇年間にも広がっているとし、死刑が被害者遺族の苦痛軽減にも役立っていないとする。

医師と死刑

ロバート・フェリス（オクスフォード医療センター精神科医）とジェームズ・ウェルシュ（アムネスティ・インターナショナル医療プログラム）の論文「医師と死刑――倫理と残虐な刑罰」は、医師や看護師が死刑に関与することへの倫理的な批判が強まり、欧米において職業倫理問題として論じられていると確認している。世界医療協会は、二〇〇一年に死刑執行のどの段階であっても関与は非倫理的であるとしている。世界精神科医協会は、一九九六年に執行に関与すべきでないと宣言している。国際看護師協会も、一九八九年と一九九八年に関与に反対している。アメリカ精神科医協会は、二〇〇〇年に執行猶予を求め、アメリカ看護師協会は、一九八四年に関与に反対した。しかし今なお多くの存置国では医師などの関与が行なわれている。死刑は精神的苦痛も与える残虐な刑罰であり、被執行者の家族にも苦痛をもたらす。執行に医師の役割は不要であり、死刑が引き起こすディレンマは、関与しないことによって解決される。個人であれ組織であれ、死刑適用に反対することこそ重要であるとする。

アンドリュー・コイル（ロンドン大学刑事施設研究センター所長）の論文「死刑を置き換える――代替制裁という悩ましい問題」は、代替刑はいかにあるべきかを考えるために、重大犯罪者に対する処遇がいかにあるべきかを問い、終身刑とは何かを再検討し、仮釈放の可能性のない終身刑が増えてきたことに注意を喚起し、イングランドで三〇年にわたる服役をしたマイラ・ヒンドリーの事例を紹介している。彼女は共犯者とともに数人の子ども殺害で有罪となり、三〇年服役した後、内務省にいつ仮釈放されるのか問い合わせた。というのも、彼女は刑期の長さを告知されていなかった。判決は、死刑がない状態で刑事司法制度の信頼を得るためには終身刑が必要だというものであった。後に欧州人権条約に加入して一九九八年人権法が成立してはじめて終身刑の制限が問題となったが、彼女は病院で亡くなった。

コイルは、終身刑や長期自由刑について、コスト問題、仕事や教育の問題、家族や外の世界との連絡なども検討し、過剰拘禁について未決拘禁の制限と非拘禁措置の導入を指摘し、刑期短縮と刑事施設外での労働の採用によって問題解決を図るべきとしている。

宗教と死刑

ジェームズ・メギヴェルン（ノースカロライナ大学名誉教授）の論文「合州国における宗教と死刑――過去と現在」は、死刑廃止運動における宗教の役割を概観する。①一九世紀中葉の最初の死刑廃止運動盛期における公開処刑の廃止や、②一九世紀末から二〇世紀初頭の第二の廃止運動盛期において、宗教者たちは、奴隷制廃止と同様に、死刑廃止にも大きな役割を果たした。③一九五〇年代の第三の廃止運動盛期は、ナチスのホロコーストの影や、ローゼンバーグ夫妻の執行といった時期であり、カナダの長老教会やアメリカのメソジスト教会の活躍が知られる。④一九七二年のファーマン事件最高裁判決に始まる第四の廃止運動盛期は、死刑の合憲性をめぐる論争となったが、アメリカ・ユダヤ協会が死刑反対を明示し、多くのカトリック教会組織もこれを支持し、一九七四年、カトリック司教協会も死刑反対を採択した。ローマン・カトリック教会も死刑反対に転じた。

ところが、八〇年代の死刑復活以後は流れが堰き止められた。ブレナン判事とマーシャル判事引退後の最高裁の迷走とともに、宗教界も分裂・対立していく。とはいえ、一九九一年には福音ルター教会が死刑廃止を唱え、九二年には死刑反対カトリック教会派が立ち上がり、同年、加害者家族や被害者遺族や宗教者の協力による〈ジャーニー・オブ・ホープ〉が始まり、九三年にはヘレン・プレジャンの『デッドマン・ウオーキング』が脚光を浴びた。九〇年代後半からは、執行猶予を求める運動に力が注がれている。二〇〇〇年にも、カトリック司教協会が死刑反対を掲げたことを取り上げて、メギヴェルンは、あらゆる人権侵害と闘うための宗教の役割を指摘している。

執行ミス

マリアン・ボルグ（フロリダ大学助教授）とマイケル・ラデレット（コロラド・ボウルダー大学教授）の論文「失敗した死刑執行について」は、一九三〇年のアリゾナにおけるエヴァ・ドゥガンや、一九九二年のアリゾナにおけるドナルド・ユーゲン・ハーディングといった執行ミス事例を取り上げ、残虐で苦痛に満ちた執行の研究を行なっている。

エヴァは絞首台から吊るされたが、首が引きちぎれて転がった。このため絞首刑を廃止して、

「人道的な」ガス室に変更された。ドナルドは執行中に暴れたため執行がうまくいかず悲惨な状態となり、青酸を投与して一五分がかりで死なせた。立ち会ったジャーナリストはドナルドがいかに苦しんだかを証言した。立会人たちが病気で苦しむことになった。月に人工衛星を送り込むほど完璧なアメリカの科学技術だから死刑執行も万全だという思い込みを打ち砕く事例である。著者らは、ギルモア事件以後の一九七七年から二〇〇一年までの全米七四九件の死刑執行を、新聞報道や、執行に立ち会った者からの情報に基づいて調査し、分析している。執行が非公開であり、立会いが制限される場合もあるから十分な調査ではないと断りつつ、執行方法（電気椅子の場合一〇件、薬物注射の場合二三件、窒息死の場合二件）ごとにデータを積み上げている。収集した執行ミス事例は合計三四件であり、全執行の四・五％に当たる。執行ミスのなかった州を除くと、テキサス、ヴァージニア、ミズーリ、フロリダ、オクラホマ、ジョージア、サウスカロライナ、アラバマ、アーカンサス、アリゾナ、イリノイ、ネヴァダ、インディアナ、ミシシッピの一四州で五・三％である。執行が二五六件と圧倒的に多かったテキサスでは、執行ミスが九件（三・五％）、ついでヴァージニア（八三件中四件、四・八％）、ミズーリ（五三件中二件、三・八％）、フロリダ（五一件中四件、七・八％）と続く。また、電気椅子（一四九件中一〇件、六・七％）、薬物注射（五八四件中二二件、三・八％）、窒息死（一一件中二件、一八・二％）である。

こうしたデータをもとに、実際の執行が「瞬間的で、苦痛のない、長引かない死」ではないことを解明している。結論として、第一に執行ミスはしばしば生じている。異なった裁判管轄権で、つまり各地で起きているし、時期も、執行方法も問わず起きている。第二に、執行ミスではないとされた他の執行も含めて、執行が瞬間的ではなく苦痛の多いものとなっていること、人間的な死刑執行方法はないことを示している。付録として三四件の悲惨な執行ミスの具体例も示されている。

廃止に向けて

ヒューゴ・アダム・ベダウ（タフツ大学名誉教授）の論文「合州国における死刑を廃止する――制度的障害と将来予測の分析」は、初期の死刑反対論者の代表が、ニューヨークのシンシン刑務所所長ルイス・ローウェスと、カリフォルニアのサンクェンティン刑務所所長クリントン・デュフィであったことに注意を喚起し、近年は刑事施設職員による死刑廃止論が珍しくなっていると指摘している。

検察官について見ると、死刑は有罪答弁を得る手段として重宝され、テキサスやヴァージニアでは第一級殺人について頻繁に死刑とされている。四〇年前、ラムゼー・クラーク司法長官は議会で死刑条項廃止を訴えたが、議会は無視した。陪審員についてみると、死刑相当事件は毎年二〇〇〇から四〇〇〇件あるが、陪審員は約一〇%を死刑としている。つまり大多数は死刑がふさわしくないと判断している。陪審員は仮釈放なしの終身刑を選ぶ傾向にあるが、年間二七五件ほどは死刑を選ぶ。著者はさらに控訴審の状況、執行責任者（イリノイのライアン元知事の例も）、立法者の行動、殺人事件被害者遺族、弁護士、政党、医師、学会、宗教者、市民団体、メディア、労働組合、世論なども検討したうえで、執行猶予の動きを取り上げている。アメリカ法曹協会（ＡＢＡ）は一九九七年に運動を始め、二〇〇〇年には映画『デッドマン・ウオーキング』のヘレン・プレジャンなどの〈モラトリアム二〇〇〇〉が活動を始めた。特に無辜の処罰問題が浮上している。イリノイが猶予制を採用したのもそのためである。テキサスで猶予が採用されることは考えられないが、メリーランドは死刑囚が少なく死刑冤罪があったわけでもないのに猶予制を採用した。カナダやイギリスの死刑廃止は猶予運動の後に実現したが、アメリカでは猶予から廃止へとつながっていない。猶予運動は一つの都市や州から始めることができる。最高裁は死刑廃止を実現する権限を有しているが、当面その気配はない。国内でも国際的にも死刑制度の乱用への批判が増え、シンポジウムや論文も増えている。まだ現実を動かす力とはなっていないが、さらに強化して最高裁に影響を与える必要がある、と。

リトアニアの旅

アレクサンドラス・ドブリニナス（ヴィルニウス大学教授）の論文「死刑廃止へ向けたリトアニアの旅の経験」は、ソ連によるリトアニア占領下（一九四〇～九〇年）における人権侵害を出発点と見る。

独立後のリトアニア政府は自由で民主的な改革を試み、一九九一年末には死刑廃止政策を打ち出した。廃止に至るまで、執行は九二年一件、九三年三件、九四年一件、九五年二件であった。この間に殺人事件は九二年三〇三件、九三年四八〇件、九四年五二三件、九五年五〇二件と増加傾向を示していた。しかし、九六年以後は執行がなくなった。九六年に欧州評議会から勧告が出され、国内でも議論が始まり、九七年にラトヴィアとエストニアとともに、欧州死刑廃止条約署名の勧告を含む「死刑廃止決議」を行なった。九七年六月に条約に署名したが、死刑問題の合法性が憲法裁判所に付託された。

この間、政治エリートは死刑廃止に動いたが、世論は死刑賛成であった。九〇年の調査では廃止は二七%、九七年には一八・三%であった。世論調査は単に賛否を問うだけではなく、死刑の法的側面、人道的側面、代替政策、国際動向についての認識や意見も問うものであった。即時廃止一〇・一%、条件付廃止（犯罪状況が良くなったら）三二・四%、廃止反対五七・三%。死刑の機能についての認識は、応報二三・七%、抑止一七%、隔離五七・二%である。また、死刑存廃を誰が判断すべきかについては、政府代表二〇・八%、司法機関一三・九%、国民投票六〇%、教会二・四%である。どのような犯罪を死刑相当と見るか、少年や女性の死刑、十分な再社会化ができる場合の死刑、周辺諸国がすべて廃止となった場合、EUに加盟した場合などについても質問している。つまり、世論調査が単に調査にとどまらず、認識を高め世論を喚起する役割を果たしている。廃止政策の教育課程が重視され、政治エリートや法律家の役割が期待された。九八年には、警察官、捜査官、検察官、判事、内務省職員、大学教師、学生などのセミナーを開き、自由討議を行なっている。セミナー前後の意識変化の調査も行なった（廃止論に変化したのは僅かであったが）。一連の調査や活動はリトアニア内外で報道され、多彩な議論が行なわれた。その影響評価は容易ではないが、九八年に議員グループが憲法問題の公聴会を提起することになった。九八年一二月九日、憲法裁判所は、死刑はリトアニア憲法三条違反と認定した。議会は速やかに死刑廃止の刑法改正を行ない、翌月には欧州死刑廃止条約に署名した。死刑廃止後も、死刑に関する教育をやめることはできない。死刑賛成は二〇〇〇年の調査でも六〇％である。死刑を唱える大衆煽動者もいる。死刑廃止のリトアニアの旅はまだ終わらない。

特に注意すべきは世論調査の方法である。日本でもリトアニアに学んで世論調査を工夫したいものだ。

同書にはさらに、チョ・ビュンソン「韓国と日本の死刑」、エリック・スヴァニツェ「ジョージアの死刑管理」、ジュリアン・ノウレス「カリブ地域の死刑」、ウィリアム・シャバス「世論と死刑」、ホジキンスン「被害者遺族のニーズに対処する」などが収録されている。

第10節　日本の議論

最後に日本における議論状況を若干見ておこう。

一九九〇年代前半までは死刑廃止運動が一定の成果をあげていたが、オウム真理教事件をはじめとして、死刑を求める声が高まったかのような現象を呈した。法務・検察・警察は死刑欲求感情を煽り、マス・メディアも凶悪犯罪キャンペーンを繰り広げて死刑を煽った。死刑判決も増加傾向にあるように見える。

議論の中心となったのは被害者問題であった。死刑存置論からも廃止論からも被害者問題への応接の重要性が語られた。しかし、被害者問題はもともとそれ自体として議論されるべきであったのに、これを放置してきたことに本当の問題がある。この認識を抜きに、被害者問題が死刑存廃論の要に位置づけられたことは疑問である。

被害者問題とセットで登場するのが世論の問題である。凶悪犯罪の被害者の声は世論を背景としてマス・メディアで増幅される。メディアが世論を煽り、被害者意識を煽る。その悪循環の中で冷静な議論は不可能となり、感情論だけが横行する。死刑問題においては感情論も重要であり、感情論を無視した議論は説得力を持たない。しかし、感情論だけがマス・メディアを席巻している状況では冷静な議論ができない。

被害者意識を煽り立てた結果、次に始まったのは、弁護士攻撃であった。重大凶悪犯罪の被告人を弁護すること自体への攻撃、弁護方針に対する感情的非難、そして弁護士個人に対する誹謗中傷が始まった。

一方、日弁連意見書が死刑執行停止から死刑廃止への展望を提示したり、「死刑代替案」としての終身刑論も積極的に議論されるようになってきた。終身刑論は、そもそも死刑代替論とは何であるのか、終身刑自体が残虐な刑罰ではないか、終身刑導入は死刑廃止につながるのか、それとも重罰化の一環なのかなど多くの論点をめぐって、議論を呼んだ。(40)

被害者（感情）ももちろん重要な論点であるが、被害者救済は死刑だけに収斂するべき問題ではない。本来あるべき被害者救済・補償措置を適切に構築しながら、より広い文脈で死刑存廃の本体の議論を冷静に行なう必要がある。

註

（1）死刑存廃論の動向については、『年報・死刑廃止96』〜『年報・死刑廃止06』（インパクト出版会、一九九六〜二〇〇六年）参照。死刑関係文献については、同書掲載の一連の前田朗「死刑関係文献案内」を参照。「国際人権法的死刑廃止論」の代表として、アムネスティ・インターナショナル『死刑と人権』（成文堂、一九八九年）、同『日本の死刑廃止と被拘禁者の人権保障』（日本評論社、一九九一年）、同『死刑廃止』（明石書店、一九九九年）、同『知っていますか？　死刑と人権』（解放出版社、一九九九年）など。近年の代表的な死刑論としては、三原憲三『死刑存廃論の系譜』（成文堂、一九九一年、第四版二〇〇一年）、菊田幸一『死刑廃止を考える』（岩波書店、一九九三年改訂）、佐伯千仭・団藤重光・平場安治編著『死刑廃止を求める』（日本評論社、一九九四年）、後義輝『死刑論の研究』（三一書房、一九九四年）、宗岡嗣郎『法と実存――〈反死刑〉の論理』（成文堂、一九九六年）、中山千夏『ヒットラーでも死刑にしないの？』（築地書館、一九九六年）、菊田幸一『新版死刑』（明石書店、一九九九年）、福田雅章『日本の社会文化構造と人権』（明石書店、二〇〇二年）、ロベール・バダンテール『そして、死刑は廃止された』（作品社、二〇〇二年）、亀井静香『死刑廃止論』（花伝社、二〇〇二年）、三国隆三『死刑囚』（展望社、二〇〇四年)、免田栄『免田栄獄中ノート』(インパクト出版会、二〇〇四年)、菊田幸一『Q&A死刑問題の基礎知識』(明石書店、二〇〇四年)、菊田幸一『死刑廃止に向けて』(明石書店、二〇〇五年)、王雲海『死刑の比較研究——中国、米国、日本』(成文堂、二〇〇五年)、池田浩士・川村湊『死刑文学を読む』(インパクト出版会、二〇〇五年)、日本弁護士連合会編『死刑執行停止を求める』(日本評論社、二〇〇五年)、坂本敏夫『死刑執行人の記録』(光人社、二〇〇六年)、スコット・トゥロー『極刑』(岩波書店、二〇〇六年)、などがある。

(2) 死刑と世論について、菊田幸一編『死刑と世論』(成文堂、一九九三年)。被害者遺族に関して、『年報・死刑廃止98——犯罪被害者と死刑制度』(インパクト出版会、一九九八年)、坂上香『癒しと和解への旅——犯罪被害者と死刑囚の家族たち』(岩波書店、一九九九年)。本書について、前田朗「死刑関係文献案内」『年報・死刑廃止99』(インパクト出版会、一九九九年)。

(3) 中野進『国際法上の死刑存置論』(信山社、二〇〇一年)。引用は同書六頁より。本書について、前田朗「死刑関係文献案内」『年報・死刑廃止02』(インパクト出版会、二〇〇二年、一六九頁以下)も参照。

(4) 中野前掲一三頁。

(5) 中野前掲一五~一六頁。

(6) 中野前掲二〇頁。

(7) 中野前掲三一頁。

(8) 中野前掲五〇頁。

(9) 中野前掲五二頁。

(10) 中野前掲七六~七七頁。

(11) 中野前掲八二頁。

(12) 中野前掲九三~九四頁。

(13) 中野前掲九九〜一〇〇頁。
(14) 中野前掲一〇四〜一〇六頁。
(15) 中野前掲一〇七頁。
(16) 中野前掲一一一頁。
(17) 中野前掲一二六頁。
(18) 重松一義『死刑制度必要論』（信山社、一九九五年）。本書について、前田朗「死刑関係文献案内」『年報・死刑廃止96』（インパクト出版会、一九九六年、二八六頁以下）。
(19) 団藤重光『死刑廃止論』（有斐閣、初版一九九一年、第六版二〇〇〇年）。
(20) 以下の記述は、辻本衣佐「死刑廃止に向けた国際的動向２００２」『年報・死刑廃止03』三〇〇頁以下などによる。
(21) 世界人権宣言に関する最近の研究として、Johannes Morisink, The Universal Declaration of Human Rights, University of Pennsylvania Press (1999).
(22) 辻本前掲註（20）三〇八頁。
(23) 詳しくは、前田朗『戦争犯罪論』（青木書店、二〇〇〇年）、同『ジェノサイド論』（青木書店、二〇〇二年）参照。Claire de Than & Edwin Shorts, International Criminal Law and Human Rights, Sweet & Maxwell, 2003. 国際刑事裁判所規程の刑罰については、William Schabas, Penalties. In: Antonio Cassese, Paola Gaeta & John Jones, The Rome Statute of the International Criminal Court: A Commentary. Volume 11. Oxford (2002) 1497-1534. Peter Carter, International Criminal Law and Human Rights, In: Frances Butler (ed.), Human Rights Protection: Method and Effectiveness, Kluwer Law International (2002).
(24) 前田朗「国連事務総局の死刑報告書」『救援』四三六号（二〇〇五年）。
(25) 前田朗『刑事人権論』（水曜社、二〇〇二年）、同「国連人権委員会の死刑問題決議7」『救援』四一〇号（二〇〇三年）参照。

(26) 賛成は、アルゼンチン、アルメニア、オーストリア、ベルギー、ブラジル、カナダ、チリ、コスタリカ、クロアチア、チェコ、エクアドル、フランス、ドイツ、イタリア、メキシコ、ペルー、ポーランド、ポルトガル、ロシア、南アフリカ、スペイン、スウェーデン、イギリス（連合王国）、ウルグアイ、ヴェネズエラ。反対は、アルジェリア、バーレーン、ブルンジ、中国、インドネシア、日本、リビア、マレーシア、ナイジェリア、パキスタン、韓国、サウジアラビア、シエラレオネ、スーダン、スワジランド、シリア、タイ、トーゴ、ウガンダ、ヴェトナム。棄権は、カメルーン、キューバ、コンゴ民主共和国、グアテマラ、インド、ケニア、セネガル、ザンビア。三項目削除の修正案に関する投票は次の通り。賛成は、バーレーン、ブルンジ、中国、キューバ、コンゴ民主共和国、インド、インドネシア、日本、ケニア、マレーシア、ナイジェリア、韓国、シエラレオネ、スーダン、スワジランド、シリア、タイ、ヴェトナム。反対は、アルジェリア、アルゼンチン、アルメニア、オーストリア、ベルギー、ブラジル、カナダ、チリ、コスタリカ、クロアチア、チェコ、エクアドル、フランス、ドイツ、イタリア、メキシコ、ペルー、ポーランド、ポルトガル、ロシア、サウジアラビア、スペイン、スウェーデン、トーゴ、イギリス、ウルグアイ、ヴェネズエラ。棄権は、カメルーン、グアテマラ、リビア、パキスタン、セネガル、ウガンダ、ザンビア。

(27) 賛成は、アルゼンチン、アルメニア、オーストラリア、オーストリア、ベルギー、ブラジル、カナダ、チリ、コスタリカ、クロアチア、フランス、ドイツ、アイルランド、メキシコ、パラグアイ、ペルー、ポーランド、ロシア、南アフリカ、スウェーデン、ウクライナ、イギリス、ウルグアイ、ヴェネズエラ。反対は、バーレーン、中国、日本、リビア、マレーシア、パキスタン、韓国、サウジアラビア、シエラレオネ、スーダン、スワジランド、シリア、タイ、トーゴ、ウガンダ、アメリカ、ヴェトナム、ジンバブエ。棄権は、ブルキナファソ、カメルーン、キューバ、コンゴ民主共和国、ガボン、グアテマラ、インド、ケニア、セネガル、スリランカ。決議案の一部を削除するインド修正案が提案されたが、投票によって、決議文を維持することが決まっていた。賛成二四、反対二〇、棄権八である。賛成はまったく同じ諸国である。反対は、前記一八のほか、キューバとインドである。

(28) 本文では、投票結果は、賛成二九、反対一九と紹介したが、投票直後のプレスリリースには賛成二八、反対二〇と表示され、次の各国名が記録されている。賛成――アルゼンチン、アルメニア、オーストラリア、オーストリア、ブータン、ブラジル、チリ、コンゴ民主共和国、コスタリカ、クロアチア、ドミニカ共和国、フランス、ガボン、ドイツ、ホンデュラス、ハンガリー、アイルランド、イタリア、メキシコ、ネパール、オランダ、パラグアイ、ペルー、ロシア、南アフリカ、スウェーデン、ウクライナ、イギリス。反対――バーレーン、中国、エジプト、エリトリア、エチオピア、インド、インドネシア、日本、モーリシャス、ナイジェリア、パキスタン、カタール、サウジアラビア、シエラレオネ、スーダン、スワジランド、トーゴ、ウガンダ、アメリカ、ジンバブエ。棄権――ブルキナファソ、キューバ、グアテマラ、韓国、スリランカ。事務局の記録ミスがあったのであろう。後に人権高等弁務官事務所の公式記録では賛成二九、反対一九という数字が記載されているが、国名の記載がない。

(29) 日弁連人権擁護委員会『大韓民国死刑制度調査報告書』(日弁連、二〇〇四年)。本書について、前田朗「死刑関係文献案内」『年報・死刑廃止04』(インパクト出版会、二〇〇四年)。

(30) 賛成――アルゼンチン、アルメニア、オーストラリア、ブータン、ブラジル、カナダ、コスタリカ、ドミニカ共和国、エクアドル、フィンランド、フランス、ドイツ、ホンデュラス、ハンガリー、アイルランド、イタリア、メキシコ、ネパール、オランダ、パラグアイ、ペルー、ルーマニア、ロシア、南アフリカ、ウクライナ、イギリス。反対――中国、エジプト、エリトリア、エチオピア、ギニア、インドネシア、日本、マレーシア、モーリタニア、パキスタン、カタール、サウジアラビア、スーダン、スワジランド、トーゴ、アメリカ、ジンバブエ。棄権――ブルキナファソ、コンゴ民主共和国、キューバ、ガボン、グアテマラ、インド、ケニア、ナイジェリア、韓国、スリランカ。

(31) E/CN.4/2005/7/Add.1.

(32) E/CN.4/2005/7.

(33) 欧州評議会議員会議／死刑廃止を推進する議員連盟『司法人権セミナー：死刑廃止全記録』（二〇〇二年）。本書について、前田朗「死刑関係文献案内」『年報・死刑廃止03』（インパクト出版会、二〇〇三年）。なお、田鎖麻衣子「死刑廃止をめぐる最近の国際的動向」『季刊刑事弁護』三七号（二〇〇四年）。人権に関するEUの動向については、Philip Alston (ed.), The EU and Human Rights, Oxford (1999).

(34) 辻本衣佐「死刑廃止に向けた国際的状況」『年報・死刑廃止06』（インパクト出版会、二〇〇六年）参照。

(35) アメリカの状況については、宮本倫好『死刑の大国アメリカ』（亜紀書房、一九九七年）、Austin Sarat (ed.), The Killing State, Oxford (1999). Austin Sarat, When the State Kills, Capital Punishment and the American Condition, Princeton University (2001). Ann Chin Lin (ed.), Capital Punishment, CQ Press (2002).

(36) 中国の状況について、王雲海「中国の『死刑制限論』と『二年執行猶予付死刑』」『法律時報』七五巻一一号（二〇〇三年）。

(37) Richard Clayton & Hugh Tomlinson, The Law of Human Rights, Volume 1, Oxford (2000). pp. 341-380 (The Right to Life and the Abolition of the Death Penalty). 本書は、欧州人権条約を批准した後に、国内で人権法という総合立法を行なったイギリスにおける議論状況を徹底的に解明した浩瀚な著作であり、第一巻の頁数は一六〇〇頁を超える。

(38) なお、筆者は「国際人権法的死刑廃止論」だけに立っているわけではない。日本国憲法第一三条の人間の尊厳と生命権、同第三六条の残虐な刑罰の禁止など重要な関連規定が存在するし、近代市民社会の原理からしても死刑は本来容認されないと考えている。本書では死刑と国際人権法に焦点を絞って論じた。

（39）Peter Hodgkinson & William A. Schabas (ed.), Capital Punishment, Strategies for Abolition, Cambridge University Press, 2004. 以下に紹介する諸論文は本書収録論文である。

（40）龍谷大学矯正・保護研究センター編『国際的視点から見た終身刑』（成文堂、二〇〇三年）。本書について、前田朗「死刑関係文献案内」『年報・死刑廃止04』（インパクト出版会、二〇〇四年）。さらに、石塚伸一「終身刑導入と刑罰政策の変容」『現代思想』三二巻三号（二〇〇四年）。

第五章　刑事法の近代と現代

現代刑事法は、近代化過程における国家刑罰権の一元的成立のもとで形成されてきた。教会や領主が保有していた各種の刑罰権を剥奪して、世俗の国家のみが暴力装置を独占する中で、刑事司法制度も確立してきた。近代市民革命は「市民の法」を創出するとともに、「近代国家の法」を創出した。そこでは個人の基本的人権と国家刑罰権との対抗関係の中での刑事司法の諸原則が構築されていくことになる。刑法の近代化や、刑事司法の諸原則の具体的な現象形態は、国により時期により異なるが、西欧諸国の近代化過程が生み出した刑事司法の諸原則は、各国に影響を与え、さらには国際法にも取り入れられていった。それゆえ、刑事人権論は、近代刑法史の中から具体的な中身を獲得していくことになった。

第1節　近代刑法史研究の課題

刑法と民主主義

大日本帝国憲法下の近代日本の刑事法は、刑法典と、治安警察法や治安維持法などの治安法の組み合わせにより、人権無視の弾圧法制として展開した。特高警察を軸にした警察・検察・裁判所が天皇のための司法を推進した。罪刑法定原則に代表される近代刑法の基本原則が露骨に否定された。

このため戦後日本における民主主義刑法学は、憲法第三一条以下の人身の自由の諸規定と新刑事訴訟法を拠点に、罪刑法定原則や適正手続きの観念を発掘（再発掘）し、これを定着させようとしてきた(1)。

体制迎合の支配的刑法学に対して、自由と人権を掲げる民主主義刑法学は、旧態依然たる警察による人権侵害や冤罪との闘いや、獄中の処遇改善を求める運動と呼応して刑事人権論を発展させてきた。その根幹は憲法の人権規定であるが、最近ではさらに国際人権法の影響も強くなっている。そして、民主主義刑法学の培養土となったのが近代刑法史研究であった。

国家刑罰権の体系が天皇制国家の弾圧法体制としてのみ実現した日本では、外形的な近代刑法が導入されたものの、近代刑事法原則が実質的には排除された。そのため近代刑法史研究は、西欧近代法の形成過程における刑事法原則の歴史と論理を解明し、これを実現することを課題とした。従って、近代刑法史研究が極めて実践的な関心から推進されることになった。

刑法学も対外的侵略と対内的抑圧に全面的に協力し、生命、身体、自由などの諸権利を根こそぎ奪う理論作りに狂奔した(2)。そして、戦前においてチェーザレ・ベッカリーアの『犯罪と刑罰』を翻訳・紹介し、「罪刑法定主義を復活せよ」と叫んだ風早八十二は、治安維持法による弾圧を受け、刑法学から追放されてしまった(3)。風早は戦後においても罪刑法定主義を掲げ、悪法反対闘争の先頭に立ち続け、同じ道を歩む新しい刑事法学者の集団が登場することになる。民主主義刑法学のフィールドは、悪法反対闘争であり、冤罪との闘いであり、憲法的刑事法の構築であり、「社会科学としての刑法学」であり、近代刑法史研究であった。

研究史の総括

佐伯千仭、風早八十二、櫻木澄和、横山晃一郎への謝辞に始まる内田博文『刑法学における歴史研究の意義と方法』は、戦後刑法学における近代刑法史研究を総括する試みである[4]。フランス革命期の刑法原則やベンサムの刑法理論を追究して近代刑法史研究を深めてきた内田は、同時に現代日本の刑法現象と刑法理論のあり様を鋭く分析し、厳しい批判を加える。

第一部「刑法理論の現状と課題」では、戦後の刑法・刑法学の動向をトレースした上で、刑法理論の現状として支配的刑法学や民主主義刑法学とは異なる「新しい刑法学」の登場を確認する。「現代型犯罪」に対応する「新しい刑法学」は、藤木英雄によって創建され、今日では前田雅英によって改鋳されて大きな影響力を誇っている。「現代型犯罪」への迅速・確実な対応と、刑事司法による市民生活の保護を前面に押し出す「新しい刑法学」は、「国民の常識」による柔軟な刑法を追求し、日本的特殊性を強調し、「実質的犯罪理論」を唱え、罪刑法定原則や適正手続きを内部から破壊する。

第二部「戦後第四期における刑法の動き」では、「七〇年代の警察」戦略の展開とこれに呼応した刑事立法（公害事犯、航空機事犯、道路交通事犯、薬物事犯、風俗取締り等）の状況を分析する。ここでは①占領期、②講和条約から安保条約成立期、③六〇年代高度成長期を経た、④石油ショック以後の戦後第四期における刑事法の転換が、一方では刑法の近代化、市民化、国際化といった様相を呈しつつ、「大国化」した日本に相応しい「日本主義」的な動きも呼び起こし、国家・社会の再編に敏速に即応し、時には再編をリードすらする刑法のあり様を浮かび上がらせる。

第三部「近代刑法理論について」では、まずベッカリーアの『犯罪と刑罰』における刑法理論を「歴史的なものの理論化」として分析した上で、『犯罪と刑罰』の「バイブル化」を「理論的なものの歴史化」として論じる。次いで「ベンサム刑法理論について」では、ベンサムの立法改革の内容と意義が詳細に分析される。

内田は、風早八十二の罪刑法定主義論を援用して、次のように述べている。「我々のいう罪刑法定原則は、『罪刑の市民的拘制』にとどまらず、『民主的な罪刑の拘制』を意味するのである」。「我々のいう法的構成の重要性の認識は、裁判官の恣意的解釈の排除に対してだけ向けられたものではない。それだけでは『悪しき法実証主義』を克服することはできないからである。我々のいう法的構成の重要性の認識は犯罪の法定に対しても向けられているのである。違憲立法審査権によって担保されるところの『憲法的観点』にもとづく犯罪の明確かつ適正な法定を立法論的に、また解釈論的に実現することにも向けられている。それを保障する理論的枠組みを、罪刑法定原則や行為原則や責任原則の実質化において追求しようとするのである。」

ここに日本の「刑法・刑法学批判としての近代刑法史」が全姿を鮮明にする。

近代刑法の実像

風早八十二の「罪刑法定主義を復活せよ」の確認に始まり、櫻木澄和への謝辞に終わる足立昌勝『近代刑法の実像』も「刑法・刑法学批判としての近代刑法史研究」である。[5]「刑法において、特殊現代的なものが存在し、それに対応するために特殊現代的手法が必要であるということにはならない。そこにおいては、国家刑罰権への不信感から出発し、国家刑罰権を抑制するものとして誕生した近代刑法の諸原則は、今なお有効である」との認識を表明し、さらに次のように述べる。

「本書では、近代刑法の諸原則の確認から出発し、いくつかの角度から、近代刑法への接近を試みている。そもそも、過去の歴史のなかで、いかなる国においても、抽象的な理念としての近代刑法は存在したことはない。それぞれの国において、その国に適合した近代刑法が成立したのであり、純粋な、理念型としての近代刑法は、理論のなかで存在するのみである。／事情は、わが国においても変わることはない。不平等条約の解消を念頭に置いた旧刑法の制定以来、刑法の近代化の作業は、立法のみならず、判例や学説において、脈々として続けられてきた。そこでは、不十分ながらも、日本のその時点における刑法の近代化がなされていたのである。／しかし、それでもって、刑法が完全に近代化されたと考えることはできない。罪刑法定原則の存否をめぐる議論において、旧刑法二条を根拠に、日本にもその原則は存在したという考えは、あまりにも稚拙である。罪刑法定原則は、国家刑罰権の全体を抑制するものであり、たんに刑法典だけの問題ではないからである」。

第一部「近代刑法の原像」では、啓蒙主義刑法理論の系譜を確認し、テレシアーナ刑法、ヨセフィーナ刑法、プロイセン一般ラント法の分析を通じて近代刑法の基本構造を解明する。一方で、日本刑法史における罪刑法定主義を歴史的に検証し、日本刑法の「特殊性」を照射する。

第二部「近代刑法の現代的変容」では、爆発物取締罰則の違憲性を論じ、銃刀法における犯罪と刑罰の不均衡を指摘し、破壊活動防止法を批判し、麻薬特例法や組織犯罪対策法におけるマネー・ロンダリング罪を分析し、臓器移植法や企業秘密の刑法的保護を論じる。近代刑法の原像を座標軸にすることで、現代日本の刑法現象の問題性を徹底解明することができる。

近代に形成された特殊近代的な刑法原則が、自由と人権の領域で普遍的性格を獲得しつつ、それぞれの固有の国家刑罰権を通じて現象する。その特殊なあり方を分析する中から再び普遍的な性格を抽出することで近代刑法の歴史的意義が明らかになり、批判の座標軸としての地位を確固たるものにする。このことの解明が近代刑法史研究の第一歩である。

民主主義刑法学

戦後民主主義刑法学は、近代刑法史研究を通じて罪刑法定原則、無罪の推定、黙秘権などの近代法原則の論理構造を発掘し、日本国憲法の基本的人権規定に読み込んできた。さらに社会科学としての刑事法学を追求し、単に法解釈だけを論じるのではなく、法解釈を支える価値観や先入観と解釈自体の論理構造とを解明し、刑罰実現過程としての刑事司法の総合的動態把握を通じて刑事司法の民主的変革を模索した。近代刑事法原則を日本の刑事司法に導入して確立することが課題であった。(6)

戦後司法は、これとは逆に戦前以来の警察機構を基軸にした労働運動弾圧、政治弾圧、民衆弾圧を、拷問・脅迫・証拠隠蔽・捏造による冤罪により推進し、破防法や警職法などの悪法を配備してきたから、民主主義刑法学の課題は悪法反対闘争であり、誤判・冤罪との闘い、拷問その他の人権侵害との闘い、黙秘権行使の闘いに連なった。刑事司法の闘いの現場で近代刑法史研究と刑事法批判とが密接に結びつき〈理論と実践〉や〈歴史と論理〉が幾重にも交差し、スパークし、刑事法学も鍛え直されていった。(7)

しかし戦後六〇年を経た今日、公安警察主導による弾圧・拷問・冤罪づくり体制は、様々な揺らぎと危機にもかかわらず存続・再編されている。検察や裁判も警察支配に全面的に服属している。財界主導の「司法改革」が推進され、憲法が保障する人権すら根こそぎ否定されようとしている。サリン新法、オウム新法に始まり、盗聴法や保安処分や有事立法は、グローバリゼーションに即応した財界による財界のための「構造改革」を、警察力と軍事力をもって強行する法的装置である。

それゆえ今なお民主主義刑法学の課題は、悪法との闘い、刑事人権の擁護・確立であり、そのための近代刑法史研究でなければならない。

因果論と侵害原理

梅崎進哉『刑法における因果論と侵害原理』は「侵害なければ犯罪なし」という「行為原理・侵害原理」は啓蒙主義以降の刑法学において意識されるようになった近代刑法原則であるとして、「侵害原理を掲げて国家刑罰権を限定しようとした近代刑法において、因果性は刑法理論の竜骨となった。侵害原理に即して刑罰賦課の根拠となる侵害結果をまず確定し、それとの事実関係において被告人の行為を捉えることで、侵害のない行為に対する国家の恣意的介入を阻止しようとしたからである」と確認する。(8) 近代以前には、魔女狩りの歴史的悲劇に代表されるように、侵害（つまり具体的な被害）がなくても、危険や疑惑に基づいて処罰がなされた。そうした恣意的刑罰を排除するための侵害原理を高く掲げたのは、例えば「ドイツ刑法学の父」として知られるアンセルム・フォン・フォイエルバハであった。

梅崎は、近代刑法原則としての侵害原理が現代刑法において危機に陥っていることを認識し、その歴史的かつ論理的根拠を探り直し、侵害原理の再興による刑事人権の保障を掲げる。そのために梅崎は、啓蒙主義刑法思想がいかにして侵害原理を紡ぎ出したのかを歴史的に解明していく。第一章「啓蒙に至る犯罪観の変遷と侵害原理発見の土壌」において、中世刑法から絶対主義刑法への転換における魔女狩りの位置づけを行ない、前期啓蒙による侵害原理の論理構造の把握を描写する。第二章「近代啓蒙主義における侵害原理と因果論的犯罪論」において、立法および刑法学における侵害原理の確立を特にフォイエルバハに即してトレースし、啓蒙主義刑法理論の歴史的意義を確定する。第三章「因果論の実証主義的純化と機能的後退」において、不真正不作為犯の「発見」などによる因果論的犯罪論の「発展」が侵害原理を掘り崩す遠因となり、因果関係論における条件説の登場により実証主義的世界観が蔓延し、ついには行政刑法の肥大化を招き、人種管理政策といった現代の魔女狩りの再現をもたらしたとする。第四章「侵害原理と因果論的犯罪論の再生へ向けて」において、条件説の克服、不真正不作為犯論の再構成、未遂犯論の再構成、社会法益の再構成を試みて、侵害原理と因果論的犯罪論の現代的再生を図る。

危険社会と刑法

梅崎と同じ問題を、「現代における刑法の機能と限界」という観点から現代ドイツ刑法と刑法学の状況に即して切開したのは、金尚均『危険社会と刑法』である(9)。科学技術の発展、社会の高度化、複雑化により、社会生活において未知の大事故が起きたり、人々の不安感が高まってきたことに対応して、未来の安全保障と不安の解消のために刑法による問題解決が求められてきた。「その結果、刑法理論全般において予防指向がきわめて顕著になってきた。この予防指向の理論的正当化のために、ドイツにおいて積極的一般予防論が主張され、これが今日有力化している」。予防指向と積極的一般予防論は「法益保護の早期化・前傾化」「処罰段階の前倒し」を生み、刑法的介入の早期化を誘発する。梅崎が捉えた侵害原理の危機のもう一つの表現である。

そこで金は、まず社会生活の基盤の保護としての社会的法益、特に環境システムや経済システムの刑法による保護に着目する。それが資本の論理にあからさまに呼応した刑法であることは言うまでもない。次に、法益保護の早期化の例として抽象的危険犯の多用化が取り上げられる。侵害なくても刑罰あり。さらにドイツにおける積極的一般予防論の有力化に着目して、その根拠と現代的意義を探る。そして、刑法による社会コントロールに目を向ける。すべての事象を刑法で規制することは有害であるから、刑法はどの範囲、どの程度で社会規制の法であるべきなのか、その限界を理論的に確定しなければならないからである。こうした課題を設定した金は、ドイツの刑法学説をあまねく渉猟し、紹介し、検討する。金の結論は明快である。刑法は社会的に有害な事象を対象とすべきであり、システムやその機能そのものを保護するものではない、と。

刑法原則の論理構造と現代的意義の徹底追究、それが梅崎や金の理論的実践である。

訴追理念の研究

「公訴は、検察官がこれを行なう」とする刑事訴訟法第二四七条は国家訴追主義を定めたものであるという通念に深刻な反省を迫り、日本国憲法が想定する訴追制度は私人訴追主義であるとした衝撃の論文「私人訴追主義と国家訴追主義」が公表されてから二四年、ようやく一書にまとまった鯰越溢弘『刑事訴追理念の研究』を私たちは手にすることができた(10)。

鯰越は、旧刑訴法から新刑訴法への転換期における団藤重光理論の核心を、犯罪と刑罰は個人と個人の関係ではなく国家的関心事であるので当事者処分主義は採用できないとするテーゼと、実体的真実の発見が刑事訴訟の生命であり、そのためには職権主義が必要とするテーゼに絞り込んで検討する。後者については当事者主義の対置と理論的深化が試みられた。ところが、当事者主義を先導した平野龍一理論は、起訴前手続きには糾問主義、起訴後手続きには弾劾主義を採用して、起訴後の訴訟主体の機能に着目した理論であったため「国家訴追主義を前提とした当事者主義」という矛盾した展開を示すことになった。しかし、天皇主権の時代ならともかく、国民主権を原理とした現行憲法のもとで団藤重光テーゼが成立するのか。こう疑問を提示して、イギリス、フランス、ドイツにおける近代刑事司法制度の形成と展開を追跡する。

近代イギリス訴追制度は私人訴追主義に立脚している。古代アングロ・サクソン法では被害者訴追が採用されていたが、やがて被害者訴追は衰退し、民衆裁判は形骸化し、糾問主義が採用されていく。しかし、イギリスでは一二世紀以後「告発陪審」の発展により、近代的私人訴追主義への途に入った。告発陪審から起訴陪審への発展、治安判事の創設、そして大陪審と小陪審の分離によってイギリス法は独自の領域となっていく。一八世紀からのドラスティックな転換においても「犯罪訴追協会」という私人訴追団体の活動が歴史に刻まれる。鯰越は、イギリス刑事司法の近代化を訴追制度とコミュニティとの関係において探り、警察制度の創設におけるイギリス的特質も確認する。

次いで大陸法における糾問主義と公訴官制度の創設を確認する。「職権訴追に基づく訴訟手続きの開始、秘密の尋問、自白獲得のための拷問、際限ない未決拘禁という糾問手続は、アンシャン・レジュームの圧政の象徴とみなされるようになった」。啓蒙思想とフランス革命は、刑事司法の大改革をめざした。陪審裁判の導入、国家訴追主義から私人訴追主義への転換、自然権の上に基礎づけられた訴追権、イギリス法を参照した改革が試みられた。一七九一年フランス法はこうした改革の所産であったが、一七九四年には逆流が始まり、結局、市民の刑事訴追権は制限され、国家訴追主義へ後戻りした「改革された刑事訴訟法」が形成され、大陸法の模範とされることになった。

「改革された刑事訴訟法」を採用して、国家訴追主義を訴追理念としたのがドイツであった。一八四八年の三月革命の際には一定の前進が試みられたが、プロイセンに検察官制度が確立した。一八七一年のドイツ統一後は検察官制度に統一され、起訴独占主義、起訴法定主義が採用され、私人訴追主義は封殺された。「ドイツにおける私人訴追主義の敗北は、ドイツにおける自由主義・民主主義の敗北の刑事司法的表現であった」と評価が下される。

イギリス、フランス、ドイツの比較刑事法史を通じて、私人訴追主義と国家訴追主義という訴追理念の形成と展開を跡づけ、「犯罪の訴追は、市民の権利であり義務であるとする私人訴追主義の理念は、絶対主義的な国家による恣意的な刑事訴追権の行使による人権侵害を排除し、刑事司法そのものを市民的自治の理念の上に基礎付けようとする訴追理念であるが故に、それぞれの国の司法制度における民主主義の発展の程度を示す指標でもあった」とする。

こうした観点から日本の刑事訴追制度と刑事訴訟の全体を再評価する作業は、団藤理論や平野理論だけではなく戦後刑訴理論の総体を徹底批判することになる。憲法第三二条の解釈は端的でありながら精妙である。憲法第三一条以下の体系、第三七条の存在、そして第三二条の立法経過を根拠に、「三二条は民事訴訟及び行政訴訟の訴権を示したもの」という通説・判例を批判し、第三二条は刑事訴追権を射程に入れていることを示し、私人訴追主義の憲法的根拠を呈示する。そこから刑訴法第二四七条の再解釈、付審判制度の再解釈、検察審査会の改革提案が導き出される。さらに、私人訴追主義を前提とした当事者主義やデュープロセス論の再構成の課題が提起される。「刑事訴訟においても、当事者は、犯罪の直接的・間接的被害者たる一市民である。実際には、警察が多くの犯罪を訴追するが、それは通常の市民が訴追するのと法的資格においては全く変わらない。それ故、捜査においては、任意捜査が原則とされるのであり、警察等が強制捜査を行なう場合には、裁判官の発する令状に基づく必要がある。任意捜査であれば、当然私人にも許されるからである」。「平野理論の限界は、国家訴追主義を克服できず、検察官をして訴訟当事者と位置付けたことにある。それは、一方では、『弾劾的捜査観』と国家訴追主義との理論的矛盾を惹起せざるをえない」。私人訴追主義の理念に立ってこそ、当事者主義の真の意味が生きてくるし、デュープロセスも機能する。「無辜の不処罰」や「武器対等」の正しい理解も可能になる。鯰越は戦後刑訴理論を単に客体として批判しているのではない。むしろ、自ら引き受け、継承・発展するべき理論として適切に処遇している。刑訴実務についても同様である。[11]

刑事司法制度の大きな転換点にあって、この提言は批判原理としても構成原理としてもまさに意義を有する。硬直した〈闘う市民社会〉の刑事立法が相次いでいる現在、市民社会の健全性を前提とした理念が現代社会と国家においてどのような意味をもつかがこれからの課題であろう。

第2節　近代刑事法の一断面――クライトマイアの刑事立法

啓蒙刑法研究

啓蒙刑法研究の一環として、クライトマイアの刑法思想と一七五一年ババリア刑事法典に焦点を絞る場合、その方法論的関心について予め二、三の留意をしておかなくてはならない。[12]

第一に〈啓蒙〉の把握の仕方に関する論点である。従来、啓蒙刑法はベッカリーアやフランス革命期の刑法思想に発すると見るのが一般的となりつつあったし、本書もそれに異を唱えるものではない。[13]また、ドイツ刑法史に即しても、フォイエルバハと一八一三年バイエルン刑事法典から説くのが常識である。それにもかかわらずクライトマイアに〈啓蒙〉を見出そうとするのは、ヨーロッパ啓蒙における前期啓蒙と後期啓蒙の位置づけに引きつけて、クライトマイアを前期啓蒙と後期啓蒙との橋渡しとして理解することができないかとの仮説に立っているからである。時代や傍証には不足のないこの仮説は、なお十分な内在的証拠を提出できずにいるが、持続的な関心として留意しておきたい。

第二にドイツ刑法史研究、ないしバイエルン刑法史研究に関する論点である。かつてのドイツ刑法史研究は、ドイツ刑法一般を想定し、各領邦国家の刑法を無媒介に一つの発展史に括ってきた。しかし、国制史研究の成果をまつまでもなく、一八世紀末から一九世紀にかけてのドイツ史の構造的転換は、ドイツ一般の転換としてではなく、領邦国家を単位として進行し、その領邦間の矛盾と闘争のなかで現実化したものである。

近代ドイツ刑法の端緒とされる一八一三年バイエルン刑事法典の研究について見ると、ここではフォイエルバハ刑法思想との関連でのみバイエルン刑法に関心が向けられ、その評価もフォイエルバハの主観を媒介としてなされてきた傾向がある。

こうした研究史を前提に持ちつつ、バイエルン刑法の近代化過程を、一七五一年ババリア刑事法典から一八一三年バイエルン刑事法典、そして一八四八年刑法改正という流れに即して把握し、その発展を明らかにすること、そしてさらにカロリーナから一八七一年刑法に至るドイツ刑法史の中に位置づけることが本稿の背景となる関心である。より大きな枠組みで言えば、西欧啓蒙刑法思想の影響史の歴史地図を描くための基礎作業の一つとして了解されよう。(14)

こうした関心からクライトマイアの刑事立法の映像を探ることが本節の課題である。

啓蒙の里程標

クライトマイアは、一七〇五年一二月一四日、選帝侯の宮廷顧問官の息子として生まれた。「ドイツ啓蒙の父」トマジウスが『自然法原理』を公刊した年である。クライトマイアはザルツブルク大学で哲学を、インゴルシュタット、ライデン、ユトレヒト大学で法律学を学び、一七二五年、バイエルン選帝侯マックス・エマヌエルの宮廷顧問官となった。一七四五年、ホーフラート（宮廷法院）宰相となり、プーフェンドルフと並び称されるヴォルフが自然法の教科書を公刊した一七四九年三月、ゲハイムラート（枢密参議院）副宰相となった。そして一七五八年、バイエルン宰相となり、その後三二年間この地位にあった。一七九〇年一〇月二七日、八四歳の生涯を終えると、オッフェンシュテッテンの教会に葬られた。(15)

クライトマイアが法制史上の注目を集めるのは、その立法と著作によるが、特に立法について言えば、一八世紀中葉のバイエルン立法改革をほとんど一人で成し遂げたことは、そのまれにみる才能を示すものとして高く評価されてきた。すなわち、一七五一年一〇月七日の「ババリア刑事法典」、一七五三年一二月一日の「ババリア訴訟法典」、一七五六年一月二日の「ババリア民法典」は、いずれもクライトマイアが単独で執筆した膨大な法体系であり、その注釈書としての一七五二年の『ババリア刑事法典注釈』、一七五七年以降の『ババリア民法典注釈』とともに、バイエルンの立法改革全体がクライトマイアの作品と言ってよいのである。なお、その後も法典の追加や修正を続けたが、一七八五年一一月二四日の「改訂手形条令」が最後の立法と言われる。

このためクライトマイアは、法制史家によって「自然法時代の最初の包括的法典の創造者」、あるいは、啓蒙の「立法史の最初の里程標」とも称されてきた(16)。

クライトマイアの著作としては、法典の注釈のほかに、一七六八年の『私法学総論』、一七六九年の『国法総論』、一七七一年の『バイエルン法令集』が代表的である。

地殻変動

クライトマイアの立法改革は、マクシミリアン三世ヨーゼフ統治下の国制改革の一環として企図・実現された。それは一七四五年のカール七世アルプレヒトの死とバイエルンのオーストリア継承戦争(一七四〇～四八年)からの脱落に始まる。戦争で疲弊し負債を抱えたバイエルンを継いだマックス・ヨーゼフは、一七四五年の就任後直ちに国制改革に着手した(17)。

マックス・ヨーゼフの国制改革の動因は、第一にオーストリア継承戦争への参戦という対外的危機の回避にあった。第二にその回避策が生み出す新たな危機の国内への波及の解決を図るものでなければならなかった。なぜなら、戦争による負債という財政危機とともに、「ホーフマルク（経営領主制）」における農民の極めて劣悪な状況を原因とする農民の危機が、バイエルンの封建的地主的土地所有の危機を告げていたからである。[18]

保有地移動税は一六世紀以来、バイエルンの封建領主層にとって大きな収益をもたらす領主特権の意味を持っていた。その賦課体系は農民層内部の土地保有権の流動により、農民の生産剰余を搾取する封建領主の特権の基本であった。保有地移動税は西北ドイツや中部ドイツにおける以上に、バイエルンでは重要性を持つもので、バイエルン農民解放にとって、他の封建的諸貢租の廃止や償却と並んで保有地移動税の解消が重要であった。バイエルンで農民解放が具体的な課題として意識されるのは一七七六年のことであり、「ライプアイゲンシャフト（人身隷属制）」の廃止は一九世紀に持ち越された。プロイセンやザクセンのような工業地域を持たない農業国家バイエルンの農民労働力の社会的存在形態は、オーストリア継承戦争の敗北というきっかけと呼応してはじめて、バイエルン史に構造的転換の予告をもたらすことになったのである。国制改革が財政再建と同時に、強盗・窃盗といった財産犯罪への対処や、租税、土地所有権の法的な再底礎を必要としたのはこのためである。その意味で、マックス・ヨーゼフの国制改革は、封建国家の延命のための自己改革運動であった。

マックス・ヨーゼフの国制改革は、ヴォルフの自然法論による理性法則に従った理想国家に向けて始められ、一七四六年一月のブルクハウゼン統治府の報告、四七年一二月のホーフラートの報告、四九年一二月のブルクハウゼン統治府の意見書、五〇年二月のシュトラウビング統治府の意見書などを経て徐々に進められた。四五年一二月にホーフラートの宰相になっていたクライトマイアが初期から国制改革にかかわっていたことは当然である。

国制改革の具体的な着手は、刑事司法の促進と刑事費用の軽減問題から始まった。すなわち、一七五〇年七月一四日、ゲハイムラートがホーフラートなどに当該問題についての意見書を求めた。そして九月一八日の条令は、ラント巡羅兵隊が強盗・窃盗・乞食に対処する権限を持つものとし、これに対する扶助を定めた。さらに五一年一月二三日、新しい刑事法典の予告がなされ、これについての意見書を「ラントシュテンデ（ラント等族）」に求める命令が出された。三月にはラントシュテンデに草案が提示されたが、五月一二日のラントシュテンデの意見書は刑罰の加重等に疑念を示した以外はこれに賛成し、一〇月七日「ババリア刑事法典」が公布された。立法はさらに継続され、「ババリア訴訟法典」「ババリア民法典」に結実することになる。

伝統と啓蒙の間

クライトマイアの歴史的評価は先の〈啓蒙の里程標〉といった高いものから、まったく逆に中世の残存と見るものまで多岐に分かれる。

中世後期・近世のバイエルン・ラント法史に焦点を当ててクライトマイアの法思想を詳細に分析した和田卓朗は、ゼルヒョウの指摘に従って、またクライトマイア自身の意識に従って、クライトマイアを「バイエルンのトリボニアーヌス」として、ユスティニアーヌス帝法典とトリボニアーヌスの関係とバイエルン市民三法典とクライトマイアの関係を類比する。[19] また、バイエルン法の集大成としてのクライトマイアの立法という点も論じられる。すなわち、七世紀の DAGOBERT によるバイエルン部族法典、八世紀の Thassilo の立法、九世紀の Carolus Magnos の「バイエルン人のカピトゥラリア」、一三四〇年の Luduvicus bavarus の訴訟条例、一六一六年の Maximilianus Jmus の条例等々の発展を経たバイエルンのポリツァイの集大成という意味である。もっとも中世後期・近世のバイエルン法史の「集大成」という意味は明らかではない。「集大成」が中世後期・近世の法史の中核をなす、ないしは典型を示すことを意味するとすれば、クライトマイアの法典編纂を近代刑法史研究において取り上げる理由はなくなるかもしれない。しかし、一方で和田はクライトマイアへの啓蒙の影響を指摘している。[20]

なお、和田は、ヨーゼフ二世の国制改革についてまとめる中で「法典編纂の第一の局面においては、ライプニッツの『法大全の修復』の計画がはっきり明示するとおり、法の内容的改新は差し当たり考えられてはおらず、主として裁判の促進と訴訟費用の軽減という司法行政的な関心から、法学上の古来の争点に決着をつけるとともに、新しい議論の発生を回避すべく既存の法を体系的・集中的に編集し直すことが目指されるわけである。プロイセンではザムエル・フォン・コクツェーイ、バイエルンではクライトマイア、そして最後にオーストリアではマリーア・テレージアの『テレージア刑事法典』ならびに『テレージア法典』の段階がこれに相当する。いずれも体系を志向するところに自然法的思考の程度の差こそあれ強い影響を窺うことができるが、内容の点では『パンデクテンの現代的慣用』法学の法典化という全体的印象を与える」としている。(21)

シュロッサーも、クライトマイアと絶対主義国家における啓蒙の精神の関係を問い、理性と国家目標としての福祉国家の実現に着目する。(22) 伝統と啓蒙の間のクライトマイアということになる。そうだとすると「集大成」とはバイエルン法史総体の発展的継承を意味すると理解すべきだろうか。バイエルン刑法の近代化過程の端緒としてクライトマイアの刑事立法を位置づける理解に接近することになる。(23)

ハイデンロイターは、クライトマイア以前のバイエルンの刑事法について、一六世紀以来のラント法の法典化の試みを指摘し、一五一六年のラント・ポリツァイ条例、一五四二年から九八年にかけての補充条例、一六一六年の裁判令、一六五八年のオーバープファルツの裁判令などを受けたものとする。一六世紀以来の多くの命令がクライトマイアによって刑事法典に組み込まれたとされる。その意味で伝統を継承しつつ、これに啓蒙の光を当てるクライトマイアの姿が見えてくる。(24)

以上のようにして本稿は〈伝統と啓蒙の間〉に位置づける仮説、あるいは前期啓蒙と後期啓蒙の間に位置づける仮説に与するが、その意味はババリア刑事法典の内容に即して明らかにしなければならない。ベッカリーアに代表される啓蒙刑法思想とは大きく隔たった内容ではあるが。

刑事法典の構成

ババリア刑事法典は、一七五一年一〇月七日に公布された。[25] 公布文は「普通法並びに地方条例の混乱かつ欠落の多い状態は、朕が特別命令によって修正しようとしてきたが、いまなお朕の選帝侯領で支配的であり、上級裁判所も下級裁判所も、迅速かつ等質な裁判運営が妨げられている。この重大事態を解消するために、朕は完全な新しい国法を起草させることにした。この法は大部なので、財産よりも身体と生命にかかわる、法のもっとも重要かつ優先的な部分から始めることが適切と判断した」とし、さらにこれにより関連する旧法、条例、命令の廃止を宣言している。

ババリア刑事法典は、第一部の実体法と第二部の手続法から成る。まず目次を紹介しておこう。

〈第一部〉

第一章　刑事犯罪と刑罰一般について

第二章　特に悪質な犯罪と刑罰について、とりわけ窃盗と強盗について

第三章　殺人について

第四章　放埒、公然の姦淫、さらにその他の重い売淫と売春斡旋について

第五章　姦通について

第六章　近親姦・強姦・暴力による女性誘拐、重婚、ソドミー及び自然に反する不貞について
第七章　瀆神、背信、異端、魔術、偶像崇拝及び迷信について
第八章　いわゆる叛乱・不敬罪・ラント平和破壊、暴行、放火殺人、重大な侮辱及び誹謗について
第九章　貨幣偽造、変造、偽証、宣誓違反、不忠の官吏、悪徳の損害
第一〇章　密猟について
第一一章　内外の乞食、浮浪者、怠惰、及び嫌疑をかけられた放浪者、並びに暴利、暴利仲買、密輸及びその他の犯罪について
第一二章　刑事犯罪の研究、努力、従犯ないし嫌疑の処罰について

〈第二部〉

第一章　刑事裁判所及び裁判管轄について
第二章　刑事公訴、告発及び審問について
第三章　犯行の発見、ラテン語では Corpore Delicti について
第四章　届出、ラテン語では Indiciis Delicti について
第五章　犯行の証明について
第六章　拘禁、喚問、護衛及び釈放について
第七章　穏便な審問

第八章　犯罪者並びに道具とされた者の拷問による審問
第九章　対審及び保証宣誓について
第一〇章　刑事判決、さらにその公告と執行について
第一一章　刑事手続の終結、さらにその下で使われた費用について

以上がババリア刑事法典の編別構成である。この構成の理解については一つの論争がある。すなわち、実体法と手続法との関係をいかに把握するかである。それは名宛人論として展開される。

クラインハイヤーおよび彼に依拠した村上淳一は、刑事法典の構成が実体法と手続法の統一法典であるか、それともそれぞれ独立しているかに着目した。それは法典の性格が市民に向けられた行為規範であるか、裁判官に向けられた裁判規範であるかにかかわる。法典が市民に向けられた行為規範であれば、それは「法律 Gesetz」として位置づけられるが、国王が裁判官に与える裁判規範であれば「条令」「裁判令」でよい。そこで統一法典であるか、独立の法典であるか。あるいは、統一法典の場合でも、実体法と手続法のどちらが前に置かれているかを検討することになる。(26)

ヨセフィーナ刑法典は実体法としての刑法典だけであり、手続法は別に刑事裁判令として公布されているが、足立昌勝は、「ヨセフィーナ刑法典において、実体法と手続法が分離された理

由は定かではない」としつつ「裁判規範としての側面は残しつつも、臣民に対する行為規範の側面を重視」しているとして、クラインハイヤー＝村上説に疑問を呈している。[27]

ババリア刑事法典では実体法と手続法とが結び付いて統一法典をなしているが、和田卓朗は、臣民を名宛人とした行為規範であることが否定されるわけでは必ずしもないとし、それ以前の裁判令では手続法が先行していたことにも及んで「クライトマイアにおいては、刑事実体法が格段の充実を見ているのみならず、刑事訴訟法よりの自立化が相当程度進んできていることは明らかであろう。『裁判規範か行為規範か』という問題と『実体法の訴訟法からの独立』の問題とが一応別の問題であることは言うまでもないが、実体法の充実と（相対的）独立によって、刑事法が臣民を名宛人とした行為規範という性格を強く帯びてくることはやはり否めない」とする。[28]

この点は検討を要する。二重性があるのは確かであるが、それはむしろ観念と現実の緊張の中で捉えられるべきではないだろうか。クライトマイアの主観において行為規範の性格もあったというだけでは判定しえない。クライトマイアの法思想レベルではともかく、それが現実に行為規範たりうる客観的基盤があったか否かが問題である。ババリア刑事法典がどのような形で公布されたか、臣民はこの「行為規範」を現実に行為規範として知覚しえたか、自らの行為規範となしうる可能性がどの程度あったかである。本稿ではハイデンロイターの見解に従う。

もっとも後に、和田はこの問題を「訴訟法の体系的位置付けをめぐる普墺の扱いの差」として、オーストリアでは伝統的に手続法が先行し、ヨセフィーナ刑法典で分離したが、フランツィスカーナで再び今度は実体法を先にして統合され、その逆転現象はヨーゼフ刑法典ですでに起きていたとし、一方プロイセンでは行為規範と裁判令とが厳密に区別されていたので「一般ラント法典」は手続法を除いた純粋な「法律」であったが、それはシュヴァレツの法観念によるものでドイツ法史では例外にとどまるとし、さらに「一八一三年のバイエルン刑法典は実体刑法と手続法の統一法典であるが、そのよってたつ心理強制説がまさに犯罪構成要件を刑罰による威嚇とともに刑事訴追規範の中に位置付けることを重視したがゆえに、実体法を前に置く（理論的根拠は別にして、この点は先行する一七五一年のクライトマイア刑事法典も同じ）とともに全体が『刑法典』という名称を取ることになった」とする。[29]

プロイセンとオーストリアの法類型の比較は興味深いが、バイエルンに関する叙述を拠点とするならば、結局、編別構成の一致は偶然にすぎないことになる。そうであれば「実体法と手続法」と「行為規範と裁判規範」とを交錯させるクラインハイヤー＝村上説の前提仮説自体に疑問を提起していると見るべきであろうか。

なお、ハイデンロイターは、ババリア刑事法典が威嚇を目的としたというのは誤解であるとし、法典は単に判決裁判官の補助物というだけではなく、学生や官吏の研究のための理想的な教科書であったとする。[30]

クライトマイアに対する法制史家の高い評価にもかかわらず、ババリア刑事法典は、バイエルン刑事法典との比較で、前近代的刑法として評価され、特に異端や魔女の処罰、刑罰の残酷さ、拷問の容認といった問題が指摘されてきた。

フォイエルバハは、ババリア刑事法典がドラコンの精神でつくられ、血で書かれているとし、とりわけ二〇フローレンの窃盗が死刑になるなどの死刑の厳しさを指摘した。(31) また、一九世紀初頭のバイエルン国制改革を担ったモンジェラも「残忍なクライトマイア」と評した。(32)

以下では、ババリア刑事法典の特徴を、①犯罪類型、②刑罰類型、③犯罪と刑罰の論理的関連、④拷問、の四つの視点で整理してみよう。

①犯罪類型とその体系で特徴的なことは、第一に、異端や魔女、瀆神や偶像崇拝といった宗教犯罪（第一部第七章）、ソドミー等の風俗犯罪（第一部第六章）が重要な部分を占めていることである。これらがバイエルン刑事法典では非犯罪化されたり違警罪に移されたりしたことは周知の通りである。このためクライトマイア批判で最初に指摘されるのがこの問題である。クライトマイアは一六一一年の宗教犯罪に関する命令等からは身を離しながらも、宗教犯罪を刑事法典に組み入れたのである。

第二に、乞食、浮浪者の処罰（第一部第一一章）といったポリツァイ事項である。この点もバイエルン刑事法典には設けられていないが、ただ一八一六年の命令等で実際には処罰されていたので、法典に位置を占めたか否かの相違があるに過ぎない。ババリア刑事法典に乞食、浮浪者の処罰が盛り込まれたのは、オーストリア継承戦争の疲弊というバイエルンの社会情勢に原因がある。乞食、浮浪者の増加、窃盗の頻発、組織的な強盗団の横行といった現実への対策としての刑事立法だったのである。[33]

第三に、これがもっとも大きな特徴と言うべきであるが、窃盗・強盗や殺人の規定が先にあって、宗教犯罪・風俗犯罪の次に叛乱などの規定が続いていることである。従来の法益体系論では、近代刑法の体系編成として、国家・社会的法益と個人的法益の二分または三分体系が存在し、しかも国家・社会的法益の先置から個人的法益の先置への変化が指摘されてきた。だからこそバイエルン刑法典における個人的法益の先置の進歩性が主張されてもいたのである。

しかし、ババリア刑事法典が形式上はすでに国家・社会的法益よりも個人的法益を先置していたのである。公布文にも「財産よりも身体と生命にかかわる、法のもっとも重要かつ優先的な部分から始めることが適切と判断した」と明示されている。フォイエルバハよりも先に、クライトマイアがこのように明言して、立法を行なっていた。それが実質的に個人の権利の重視によるものとまで言えるか否かは別としても、これまでの議論に必ずしも根拠がないことは指摘できよう。

②刑罰類型は、死刑（第一部第一章第六条）、文字Bの焼印などの身体刑（第八条）、それ以外の軽い刑罰として、城内やラントからの追放、特定地域への追放（移動禁止）、名誉剥奪、投獄、さ

らし台、罰金、自宅拘留など（第九条）である。また、「裁量・特別刑」と「正規刑」の区別があり、前者については減軽事由・加重事由を考慮して「犯罪と刑罰の適正な均衡」を考えて適用されるべきであり（第一二条）、後者についても類推が認められていた（第一三条）。

法律上の減軽事由は、一四歳未満の被保護者、一四〜一八歳の未成年者、身体刑が生命に危険をもたらす高齢者、精神病、口のきけない者・耳の聞こえない者、酩酊、身体虚弱、自首、錯誤、事実の不知、上官の命令、緊急行為などが列挙されている（第一四〜三四条）。減軽事由の列挙は必ずしも理論的とは言えないが、受刑能力と意思能力が重要視されていることが指摘できる。行為規範としての実体刑法の性格を確認できる。

フォイエルバハやモンジェラの批判はババリア刑事法典の刑罰の過酷さを指摘する。確かに、財産犯罪や宗教犯罪にも死刑が予定されている。この点も、戦争後の社会情勢への対策という面とともに、クライトマイアの限界であった。

③犯罪と刑罰の関連という点で見ると、ババリア刑事法典には罪刑法定原則を見出すことはできない。公布文は「唯一の準則」と自己規定して、古い法律、条例、命令を完全に廃止するとしたが、他方で類推を容認していた。罪刑法定原則がバイエルン刑法に登場するのは、フォイエルバハのバイエルン刑事法典からである。

犯罪は次のように定義された。「すべての悪事や処罰すべき行為が犯罪と見なされるのではなく、身体刑と生命刑が充てられているか、法律ないし慣習により刑事裁判に属するもののみが犯罪と見なされる」（第一部第一章第一条）。「犯罪とは、法律に反して何かをなしたり、なさなかったりする場合に、すなわち危険で有害な故意ないし著しい過失、ラテン語のドルス（故意）かクルパ（過失）でする場合になされるものである」（第三条）。「十分な悟性ないし自由意思が欠ける場合は、犯罪とはならない。それゆえ、理性のない家畜、幼児、気が狂った人、ないし睡眠中、酩酊中、ないし錯誤、不知により、そして強制でなされたことは、犯罪とは見なされない」（第四条）。

④刑事法典第二部第八章は詳細な拷問規定を置いている。拷問は嫌疑を持たれている人について真実をもたらすものと理解されている。

従って、バイエルンにおける拷問廃止を実現させたフォイエルバハから見れば、ババリア刑事法典の後進性が指摘されることになる。ただ、バイエルンにおける拷問廃止過程に着目すると、ババリア刑事法典における拷問の容認と規制から、一七七九年の規制強化、一七九五年の大幅規制（反逆罪、教会財産略奪罪、放火罪に限定）を経て、一八〇三年の拷問廃止という経過をたどる。一八〇三年に突如として拷問規制が始まったわけではない。ババリア刑事法典とバイエルン刑事法典の比較だけで論定する訳にはいかないだろう。ババリア刑事法典が拷問を容認しており、それが前近代性を示すことは否定できないとしても。

実際、クライトマイアは拷問の問題性を承知していた。彼自身の言葉によれば、拷問は「はなはだ危険であてにならない手段」である。それにもかかわらずクライトマイアは拷問を維持したが、その際、拷問の使用は限定的で、十分に嫌疑がない場合やすでに自白している場合には使うことができないとした（同章第一条）。また、死刑犯罪に限定しようとした。さらに原則として上級管轄の高等法院の同意を要件とすることで、徐々に制限しようとした。[34]

ベッカリーアに代表される啓蒙刑法思想と対比するならば、クライトマイアに啓蒙を見出すことは困難である。カント以降のドイツ啓蒙についても同様であり、クライトマイアとフォイエルバハの間には、やはり大きな溝が横たわっている。

しかし、自然法思想の大きな流れの中で前期啓蒙から後期啓蒙への発展過程に位置づけるならば、クライトマイアが前期啓蒙から後期啓蒙への橋渡しの位置にあることも確認できる。

ハイデンロイターは次のように評価する。「バイエルン刑法と刑事手続の法典化は、当時のドイツ帝国では唯一の先例であり、多くの規定の問題性にもかかわらず、法治国家への一歩であった。一七五一年の刑事法典は、裁判官のみならず、君主をも拘束し、それによって――その形式上の厳格さにもかかわらず――臣民を独裁から保護した」[35]。

第3節　現代刑法学の課題と方法

過剰と欠乏

現代刑法学の課題をどのように描くかは、論者によってまちまちであり、意見の一致を見ることは困難である。伝統的な日本的刑法学は常に御用法学として現実化してきたから、検察官僚や裁判官僚が論じる課題こそが刑法学の課題でもある。近年急速に進められている治安法制などの刑事立法に関して、法務官僚と一部の刑法学者が密接な連携を取りながら立法化を推進してきたことはよく知られる。また、刑法解釈学の任務は裁判所の判例に従って理論化することだと公言する「学者」まで登場し、影響力を発揮している。さらに警察官僚言いなりの刑法学の活躍も無視できない。国家主導の権力的な社会再編を刑事法という手段を用いて上から推進する立場である。

現代刑法学の課題を描こうとするときに容易に気付くのは、刑法学の過剰と欠乏の対照である。犯罪論「解釈」の過剰、判例追随の過剰、横並び教科書の過剰、外国学説紹介の過剰。これに対して、方法論の欠乏、国家論の欠乏、人権論の欠乏。

解釈方法論

楠本孝『刑法解釈の方法と実践』は、方法論に乏しいことでは定評のある刑法解釈学において珍しくも方法論を機軸にすえた一冊である。[36] 著者の問題関心の出発点はこうである。

「超越的な真理や正義が経験的な現象界である政治社会において実現されることはあり得ないが、そこで生み出され市民を拘束する法律が、およそ真理や正義と無関係に定立されるということを想定することはできない。法治国家における法律、とりわけ刑罰法規は、国家の剥き出しの暴力によってではなく、社会規範として市民に内面化されることによって実効性を保持しようとするのであるから、法律は自ら市民に正当性を主張し、市民がそれを理性にかなったものと見なすことが必要である」。

「近代市民刑法の基本原理である罪刑法定主義は、どのような行為が犯罪とされるかを事前に告知して市民の予測可能性を保障するという自由主義の要請と、どのような行為が犯罪とされるべきかは市民の正当な代表である議会のみが決定し得るという民主主義の要請とから成っている。……ところが、現代の刑法学では、罪刑法定主義の実質的内容であるこの二つの要請は背景に退けられ、裁判官による刑罰法規の適用領域は、あらかじめ議会によって定められていた法律の枠内に限られるという形式的な法律主義が前面に出てきている。……こうして、現在の刑法解釈方法論は、当該社会問題の歴史的展開を無視した静的な利益衡量に概念法学的な正当化の衣を着させることに尽きている」。

楠本は「可能的語義によって解釈の限界を画するという構想は現代の言語哲学の知見と合致しない」とし、「裁判官が妥当な結論を追求する際に入り込む主観的価値判断の問題」を喚起し、「議会制民主主義に対する市民の信頼が揺らいでいる」として、現代刑法学の方法論的な再考を唱える。

第一部「刑法解釈の方法」の冒頭章「刑法解釈における法規拘束性と正当性の諸問題」では、裁判官が法規に拘束されるということはどのような意味であるのか、裁判官が事案を構成要件に包摂する過程に入り込む主観的価値判断をどのように位置づけて理解するのか、その主観的価値判断を正当化する論証がどのような枠組みの中で行なわれなければならないかに取り組む。実践的論証の理論を解明するために、真理のコンセンサス理論、討議の理論、そして理想的発話状況の議論を探索し、アレクシーの一般的論証の理論を吟味する。

次に「被告人に不利益に変更された判例の遡及禁止」では、近年議論を呼び起こしている判例の不利益変更問題を近代的遡及禁止理論の文脈で捉えなおし、単に判例変更の効果として論じるのではなく、刑法解釈の基本的方法論の問題として位置づける。法治国家における市民の信頼保護原理を前提に、恣意的な支配の防止と法的な安定性をはかるためにも「判例変更の告知は、実際に当該判例が変更されるまで存在しない」から判例変更の遡及適用は禁止されると論じる。

実践の解釈

第二部「刑法解釈の実践」も二章構成である。冒頭章「ドイツにおける極右運動による反憲法的言論に対する刑事規制をめぐる諸問題」では、まずドイツ刑法における「法秩序の防衛」概念を検討した上で、「アウシュヴィッツの嘘発言」に対する刑事規制について、その成立と発展を詳細に跡づける。当初に設けられた民衆煽動罪にもかかわらず、ヒトラー・ブームやネオナチの活動が続き、一九八〇年代にさらなる対策が要請され、「重大なアウシュヴィッツの嘘発言」だけではなく、「単純なアウシュヴィッツの嘘発言」も処罰対象に取り込まれていく過程を分析し、ドイツにおける政治と刑法の不幸な交錯を解析している。フランス、オーストリア、スイスなどの立法例も紹介されている。

他方、外国人排斥言論に対する刑事規制についても同様に検討する。ドイツにおける外国人労働者への排斥言論について社会的背景、具体的事案、判例も素材としつつ、検討した上で、難民申請者に対する言論に関する規制も追跡している。

同書最終章「日本における外国人登録法をめぐる諸問題」は圧巻である。戦後日本の外国人管理法制をトレースし、指紋押捺や外国人登録証常時携帯義務などの刑事規制を歴史的に段階づけながら批判的に検討している。次に、同じ問題を「市民的不服従」の観点で逆照射する。指紋押捺拒否が「市民的不服従」の実践であるならば、刑法学はこの問題にいかに向き合うべきなのか。第一部で示された方法論を、戦後日本の刑事規制の最前線で具体的に応用する試みである。この試みが優れて冒険的な理論構築であることは、外国人登録法の諸問題に正面から切り込んだ刑法論文がほとんど見られない事実が如実に示している。指紋押捺拒否闘争に共感し、支援した日本人の運動等も様々に存在していたが、刑法学の課題として理解されることはなかった。日本刑法学の欠乏の一つである。この欠乏を覆い隠したのが、ドイツ学説紹介業やアメリカ判例紹介業であり、見せかけの体系に安住する横並び教科書であったといえよう。

楠本刑法学の特質は、ハーバーマスやロールズを援用しつつ、刑法解釈学に市民的不服従の論理を導入したことである。楠本は次のように述べる。

「市民的不服従として指紋押捺を拒否する者を、逮捕状によって身柄拘束し、数人がかりで押さえつけ強制器具を使用してまで指紋を強制採取することは、不法国家における擬似合法的な抑圧とつながっているように思われるのである」。

国際人権の波

一九八〇年代以来、刑事法分野では国際人権の波が緩やかに、そして着実に影響を及ぼしてきた。精神病院における人権問題や、代用監獄における拷問などの人権侵害、さらには刑務所・拘置所・外国人収容センターなどにおける拷問や人権侵害などが次々と取り上げられ、刑事法および関連分野の洗い直しが行なわれてきた。国連人権委員会や人権小委員会でのＮＧＯ発言や、自由権規約に基づく自由権委員会や、人種差別撤廃条約に基づく人種差別撤廃委員会における報告と審議を通じて、日本が「人権小国」であることが浮き彫りにされてきた[37]。

ところが、警察庁も法務省も裁判所も、国際人権法には背を向けてきた。代用監獄に固執する警察庁は、相次ぐ警察不祥事や拷問の発覚にもかかわらず、まったく開き直り、人権状況の改善を妨げている。法務省も、名古屋刑務所暴行殺害事件のような実態の隠蔽に右往左往するばかりである。裁判所の無理解がこれに輪をかける。一部の判決が国際自由権規約を適用する判断を示したものの、まだまだ不十分である。

従って、ＮＧＯや研究者の課題は、日本の刑事司法が抱える問題点を探り出し、国際人権の波にさらすことが第一であったし、今もその重要性は変わらない。日本政府は一九九九年に拷問等禁止条約を批准したので、拷問禁止委員会での報告書の審議が待たれる。自由権委員会での審議も続くだろう。国連人権委員会（二〇〇六年から人権理事会）の「拷問問題」特別報告者や「恣意的処刑」特別報告者への情報提供も続ける必要がある。

他方、国際人権法を国内の実務に活かしていく努力も続けられてきた。北村泰三・山口直也編『弁護のための国際人権法』は、そうした試みの一つである[38]。日本は一九七九年の国際人権規約批准によって「国際人権法という苗木を定植し」てから二十数年になり、人間なら大学卒業の年限を経たが、刑事司法の分野では国際人権法が根づいていないという認識から、「国際人権法がわが国においてどのように解釈、適用されてきたかを確認するとともに、国際的水準から求められる解釈という視点から批判的検討と建設的視点を提供」しようとするものである。

国際人権の国内実践

同書は全五部一七章から成り、刑事司法の主要分野を国際人権に照らして検証し、弁護のために活用することができるように配慮している。

第一部「刑事手続と国際人権法」では、「公正な裁判を受ける権利と欧州人権条約」（岡田悦典）、「国際人権法における弁護人の援助を受ける権利」（岡田）、「国際人権法と接見交通権・再考」（北村泰三）、「国際人権法から見た勾留・保釈」（中川孝博）、「国際人権法における証人審問権」（田中康代）、「国際人権法における通訳人を求める権利」（田中）が論じられる。刑事手続の主要問題について日本の判例の特質を、欧州人権裁判所や自由権規約委員会の審議・勧告などと対比することで明らかにし、改善の提言を行なっている。

第二部「被拘禁者の処遇と国際人権法」では、「被拘禁者の人権と拷問等禁止条約」（北村）、「監獄における拘束具の使用と非人道的取扱い」（北村）、「入管被収容者の人権問題」（北村）が取り上げられる。拷問や非人道的な取扱いの禁止を、拷問等禁止条約をはじめとする文書とその解釈を通じて論じ、日本の被拘禁者がまさに拷問等の危険にさらされていることを明白にする。「戦前からの旧態依然たるシステムをいまなお踏襲している」日本の行刑制度を点検するための視点が示されている。

第三部「国際人権法の解釈と適用をめぐる問題」では、「国際人権法の解釈とわが国の裁判所」（北村）、「刑事司法分野における国際人権判例の現状と課題」（北村）を論じている。徳島刑務所受刑者接見訴訟を素材として、裁判所の姿勢の変化の兆しを確認しつつ、本格的な国際人権法の適用を可能にするための論理が模索される。

第四部「刑事司法における国際人権法の新たな潮流」では、「刑事司法過程における女性に対する暴力の撤廃」（岡田久美子）、「国際人権法から見た被害者問題」（山口直也）、「少年司法における国際人権法の意義」（山口）、「死刑廃止の国際的潮流と終身刑導入案の批判的検討」（北村・山口）が取り上げられる。

第五部「国際的組織犯罪の防止と国際人権の視点」では、「越境組織犯罪対策に関する国連決議とわが国の組織犯罪処罰法」（山口）、「国連越境組織犯罪対策条約の意義と問題点」（山口）を収める。

第五部は、本書第四部までとはいささかトーンが異なる。というのも、越境組織犯罪対策条約をもとにした日本の刑事法改正が、憲法や国際人権法が保障している人権を逆に侵害する危険性が高いからである。国際的な組織犯罪の存在を口実として、盗聴や、マネー・ロンダリング規制のための弁護士業務の「規制」など、法原則に照らして疑問のある手段が次々に導入されている。

条約の作成過程の検証は、「拙速とも思える二年弱の議論の末に、いままで近代社会が築き上げてきた法原則を曲げてまでも採択された」と思われ、その内容面でのさらなる検討が必要とされる。

しかも、条約には女性・子どもの不正取引防止議定書なども付されているため、人権保護の口実で人権侵害が正当化されていくおそれがある。

そして、日本政府が、組織犯罪処罰法、盗聴法など、条約を口実に国内法改正を推進してきたことへの疑問が提起される。「これらの動き、国際協調、組織犯罪撲滅という美名の下に、既存の法原則を壊してまでもあまりにも性急になされているという感が否めない。国連越境組織犯罪対策条約については、はじめに批准ありきで、批准のための要件を備えるために、国内法の整備と称して、わが国の憲法の根本に関わるような問題を十分な議論を尽くさないままに関連法を成立させたと考えられる。あまりにも強引な立法化である」と評価する。

現在の共謀罪立法でも生じている問題だが、「国際法」の「活用」によって人権を制約する立法が正当化される危険を、同書は明快に指摘している。(39)

このことは、二〇〇一年九月一一日の事件に発する「テロとの戦い」以後の各国の治安立法および国際刑法の動きとも密接なつながりを有する。「テロとの戦い」が国内法と国際法の諸原則を解体しつつある。「国家間法」としての国際法は、諸国家の「テロとの戦い」の論理に見事に引きずられている。

こうした状況に歯止めをかけるためには、国家主導による国際法ではなく、グローバルな市民社会による法観念の転換が必要である。(40)

註

(1) 木田純一『戦後日本の刑法学』(一粒社、一九七二年)、同『戦後民主主義と刑法学』(一粒社、一九七八年)。

(2) 前田朗「侵略の刑法学」『ジェノサイド論』(青木書店、二〇〇二年) 参照。

(3) もっとも初期のものでは、風早八十二「罪刑法定主義の復活」法律春秋三巻八号(一九二八年)。晩年の大論文として、風早八十二「牧野法学への総批判（試論）1～21」法律時報四九巻八号～五二巻二号（一九七七年～一九八〇年）。なお、風早追悼論文集である東京刑事法研究会編『啓蒙思想と刑事法』（勁草書房、一九九五年）。

（4）内田博文『刑法学における歴史研究の意義と方法』（九州大学出版会、一九九七年）。

（5）足立昌勝『近代刑法の実像』（白順社、二〇〇〇年）。

（6）櫻木澄和「初期市民刑法における自由と人権の諸規定」『資本主義法の形成と展開Ⅰ』（東京大学出版会、一九七三年）、横山晃一郎『刑事訴訟法の解釈』（中央経済社、一九七二年）、同『憲法と刑事訴訟法の交錯』（成文堂、一九七七年）、小田中聰樹『現代司法の構造と思想（正・続）』（日本評論社、一九七三年、一九八一年）、同『治安政策と法の展開過程』（法律文化社、一九八二年）など。

（7）吉川経夫『吉川経夫著作選集』（法律文化社、二〇〇〇～二〇〇三年）。

（8）梅崎進哉『刑法における因果論と侵害原理』（成文堂、二〇〇一年）。

（9）金尚均『危険社会と刑法』（成文堂、二〇〇〇年）。

（10）鯰越溢弘『刑事訴追理念の研究』（成文堂、二〇〇五年）。

（11）鯰越溢弘『裁判員制度と国民の司法参加』（現代人文社、二〇〇四年）。

（12）問題関心につき、前田朗『鏡の中の刑法』（水曜社、一九九二年）二〇一頁以下。バイエルン刑法について次のように総括している。「一八一三年刑法は、啓蒙絶対主義、啓蒙専制領邦国家の中央集権化・官僚化による国家機構と社会編成の改革の所産であり、同時にこの改革を推進する法的拠点の一つであった。改革の歴史的制約性に規定されつつも、唯一の国家刑罰権の法体系として構想されたものであり、刑法の近代化過程において重要な位置を占めるものであることは、従来の評価に明らかである。……刑法の近代化を支えたドイツ啓蒙は、歴史的地理的条件に起因する対外的かつ対内的な国家危機への対応としての国家主義と密着して、自己否定的国制改革によって近代的立憲王政を法的に創出・確立したのである。したがって、一八一三年刑法の歴史的意義は、その二面性において把握されねばならない。すなわち、観念における先進性の反映としての啓蒙的刑事立法の性格と、現実的政治的条件としての啓蒙主義的国家主義的刑事立法の性格とが矛盾的統一をなしているのである。かかる矛盾は、一八一三年刑法のその後の運命を規定し、三月前期および四八年革命における修正を余儀なくされたのである」。

（13）ベッカリーア『犯罪と刑罰』について、内田博文「『犯罪と刑罰』の意義」および京藤哲久「ベッカリーア研究の現段階」東京刑事法研究会編『啓蒙思想と刑事法』前掲註（3）。

（14）本節初出以後の重要な近代ドイツ刑法史研究として、高橋直人「近代刑法の形成とバイエルン刑事法典」同志社法学四七巻六号（一九九六年）、同「一八世紀末におけるドイツ刑事法学の展開」同志社法学五三巻二号（二〇〇一年）、同「近代ドイツにおける刑法家の実像」同志社法学五四巻五号（二〇〇二年）、同「意思の自由と裁判官の恣意」立命館法学三〇七号（二〇〇六年）、岡本洋一「一九世紀プロイセンの刑事法規における Hochverrat と Landesverrat」関東学院法学九巻三・四号（二〇〇〇年）、同「近代刑法における包括的な財産没収の廃止」関東学院法学一〇巻三・四号（二〇〇一年）、同「近代刑法における刑罰の近代化の一側面」関東学院法学一一巻下（二〇〇二年）、同「一九世紀ドイツにおける団体・結社の刑法的規制について」関東学院法学一二巻四号（二〇〇三年）、同「一九世紀ドイツにおける結託・徒党、団体・結社の処罰と『結社の自由』について」関東学院法学一五巻三・四号（二〇〇六年）など参照。

（15）Wigläus Xaverius Aloysius Freyherr von Kreittmayr auf Offenstten und Hatzkofen. クライトマイアについて Kleinheyer, G. & J. Schröder, Deutsche Juristen aus fünf Jahrhunderten, 3. Aufl, Heidelberg, 1989, S. 153. 西原春夫「クライトマイヤーの銅像」法学セミナー三〇九号。クライトマイアについては、国法学、私法学も含めたトータルな検討が必要であるが、本稿では刑事法に限定せざるをえない。なお、クライトマイア没二〇〇年記念論文集として、Bauer, R. & H. Schlosser, Wigläus Xaver Aloys Freiherr von Kreittmayr 1705-1790, Ein Leben für Recht, Staat und Politik, Festschrift zum 200. Todestag, München, 1991. があるが、そこでは刑事法、

契約法、民法、国法、教会法、宗教法、立法学、自然法論、外交など多面的な検討がなされている。

（16）Schlosser, J., Der Gesetzgeber Kreittmayr und die Aufklärung in Kurbayern, in, Bauer & Schlosser (Hrsg), Festshrift zum 200.Todestag, S. 9. この点は評価が多岐に分かれている。本稿の課題であり後述する。

（17）R. Heydenreuter, Kreittmayr und die Strafrechtsreform unter Kurfürst Max 3. Joseph,in; Bauer & Schlosser (Hrsg), Festschrift zum 200.Todestag, S. 40-42. 和田卓朗「中世後期・近世におけるバイエルン・ラント法史研究序説（平和・ポリツァイ・憲法）（二）」北大法学論集三三巻三号（一九八二年）参照。

（18）バイエルンの農業構造等につき、伊藤栄「一七・一八世紀におけるドイツ農業の構造的特質——バイエルンを中心に」国学院大学紀要五巻（一九六四年）、赤沢計真「農民解放期のバイエルンにおける農業構造」（大野他編『ドイツ資本主義の史的構造』有斐閣、一九七二年）、同「資本蓄積様式の歴史的展開——バイエルン産業資本の形成」新潟大学人文科学研究五三、五五、六二号（一九七八～一九八二年）参照。

（19）和田、前掲北大法学論集六九五頁以下。

（20）和田卓朗「オグリス『法改革者としてのヨーゼフ・フォン・ゾネンフェルス』」大阪経済法科大学法学研究所紀要一〇号（一九八九年）一二二頁。

（21）和田、前掲註（20）一一三頁（訳注）。

（22）H. Schlosser, Der Gesetzgeber Kreittmayr und die Aufklärung in Kurbayern, in; Schlosser, Festschrift zum 200. Todestag, S. 6.

（23）前田、前掲註（12）二〇三頁および二六〇頁。

（24）Heydenreuter (o. Anm. 17), S. 46-47.

（25）Codex Juris Bavarici Criminalis, de anno M.DCC.LI.（中央大学図書館所蔵）

（26）Kleinheyer, G., Vom Wesen der Strafgesetze in der neueren Rechtsentwicklung, J. C. B. Mohr, Tübingen, 1968.

村上淳一『近代法の形成』（岩波書店、一九七九年）。
（27）足立昌勝『国家刑罰権力と近代刑法の原点』（白順社、一九九三年）三六〜三八頁。
（28）和田、前掲北大法学論集三四巻一号九七八頁以下。
（29）和田、前掲註（20）一〇三〜一〇五頁。
（30）Heydenreuter (o. Anm. 17), S. 56.
（31）Feuerbach, P. J. A. v., Über die bevorstehende Reform der bayerischen Criminalgesetzgebung, in; Biographischer Nachlass Veröffentlicht von seinem Sohn Ludwig Feuerbach, Leipzig, 1853 (1973), S. 130.
（32）Schlosser (o. Anm. 16), S. 33. による。
（33）Heydenreuter (o. Anm. 17), S. 37-38.
（34）Schlosser (o. Anm. 16). S. 18-19.
（35）Heydenreuter (o. Anm. 17), S. 57.
（36）楠本孝『刑法解釈の方法と実践』（現代人文社、二〇〇三年）。
（37）国際刑事人権法の文献としては、北村泰三『国際人権と刑事拘禁』（日本評論社、一九九六年）、ピナル・リフォーム・インターナショナル『刑事施設と国際人権――国連処遇基準実施ハンドブック』（日本評論社、一九九六年）、五十嵐二葉『テキスト国際刑事人権法総論』（信山社、一九九六年）、五十嵐二葉『テキスト国際刑事人権法各論（上）』（信山社、一九九七年）、部落解放・人権研究所編『国際人権規約と国内判例』（解放出版社、二〇〇四年）、尾崎久仁子『国際人権・刑事法概論』（信山社、二〇〇四年）など。国際人権法については、阿部浩己『国際人権の地平』（現代人文社、二〇〇三年）、戸塚悦朗『国際人権法入門――国連人権NGOの実践から――』（明石書店、二〇〇三年）、畑博行・水上千之編『国際人権法概論・第４版』（有信堂、二〇〇六年）、薬師寺公夫他『法科大学院ケースブック国際人権法』（日本評論社、二〇〇六年）など参照。

（38）北村泰三・山口直也『弁護のための国際人権法』（現代人文社、二〇〇二年）。
（39）この点を、内田・前掲註（4）五二頁は、すでに次のように指摘していた。「国際刑事人権法が犯罪化・重罰化の方向に向かう局面では、その国内法化は深刻な矛盾を内包することになると予想されるが、この矛盾を克服するための議論が十分でない場合には、刑法の保障的機能の後退化を招く可能性が高まるのではないか」。
（40）グローバルな市民社会による法観念の転換について、詳しくは、前田朗『民衆法廷入門』（耕文社、二〇〇七年）参照。

あとがき

本書の表題を「刑事法再入門」とした。刑事法の基礎概念を全般的に概説した著作ではなく、特定のテーマに絞り込んで、しかも批判的に検討しているので、通常の入門書とは異なる。現代日本の刑事法の状況と問題点を浮き彫りにするとともに、展望を切り拓くための基礎作業を続けることが刑事人権論の課題である。本書のキー・カテゴリーは、監視権力、拷問、死刑であり、近代法と現代法、市民社会と刑事法である。

監視国家、監視社会、管理社会といった現代社会の特質が注目されて久しいが、監視への抵抗は空しい努力に終わり、いっそうの監視社会化が進行しているように見える。グローバリゼーションの大波に洗われて配備されている監視と、その日本的特質を際立たせながら分析していくことが批判的刑法学の大きな課題となっている。

二一世紀のいま、日本という「先進国」で拷問について語らなければならないのは、残念なことであり、不思議な話でもあるが、一部では「拷問大国」とすら言われてきた。しかも、官僚法学は拷問の存在を隠蔽することで拷問の存続に直接手を貸している。人間を人間として扱わない国家と社会の体質を変えていく必要がある。

死刑も同じ問題の一局面である。西欧諸国がすべて死刑を廃止したため、先進国で死刑存置国はアメリカと日本だけである。生命権を基本とした国際人権法における死刑廃止の論理にいま一度学ぶ必要がある。

こうした問題群を貫通するのが近代法と現代法、市民社会と刑事法というカテゴリーである。近代市民社会を構成する法思想・原理はどのようなものであったのか。近代から現代への転換における刑事法原則の変容は何を意味したのか。私たちが生きる「現代」とは、いかなる意味で現代なのか。批判的刑法学は、どのような射程と理論をもって現実に対峙しようとしているのか。本書を通じてこうした問いを幾度も問い直すことが「再入門」の意味である。

本書は前著『刑事人権論』(水曜社、二〇〇二年)以後に執筆した文章を中心にまとめたものである。大学院時代から、ぼくの研究テーマは「権力犯罪と人権」であるが、近年は「戦争犯罪論」と「刑事人権論」の二本柱となっている。後者は『鏡の中の刑法』(水曜社、一九九二年)、『人権ウオッチング』(凱風社、一九九八年)、『刑事人権論』と続き、本書が四冊目になる。なお、本書第四章は「死刑と国際人権法」『現代思想』三二巻三号に加筆訂正を施した。第五章第二節は「クライトマイアの刑事立法」『風早八十二先生追悼論文集・啓蒙思想と刑事法』(勁草書房)に加筆した。それ以外は「救援連絡センター」の機関紙『救援』に連載した文章を編集した。

＊

本書作成に当たっても多くの方にお世話になったが、なかでも救援連絡センターのご協力がなければ本書はおよそ形を成すことがなかった。『救援』には、一九九五年一月号に初めて執筆して以来、一二年にわたって自由に書かせてもらっている。冤罪や刑事弾圧事件などの被疑者・被告人を救援するための具体的な実践に携わっているセンターの機関紙に、実践にはほとんど役に立たない文章を思いのままに書かせてもらっている。テーマについても内容についても一度もクレームがついたことがない。山中幸男(事務局長)、編集に携わっている菊池さよ子、渡邊幸之助をはじめとする事務局員に感謝する。

あとがき

救援連絡センターは、二〇〇六年度・東京弁護士会人権賞および第一八回多田謡子反権力人権賞を受賞した。刑事弾圧の犠牲者、被疑者・被告人、さらには受刑者といった、もっとも弱い立場に置かれ、自由と人権を激しく侵害されるおそれの高い人々を救援する地道な活動が評価されたものだ。

同センターのウェブサイトには次のように書かれている。

「救援連絡センターは、一九六九年三月二九日に発足しました。当時はベトナム戦争・日米安保条約に反対する闘いや、全共闘運動、さまざまな市民運動などが高揚していました。これらの闘いに対して逮捕はもちろんのこと、機動隊の暴力などによる弾圧が加えられました。逮捕者と負傷者の救援のために、地域の救援会や個別の事件について救援する組織が多数作られました。そして各種の救援組織を援助し、それら相互間の連絡のために発足したのが救援連絡センターです。救援連絡センターには二つの原則があります。一、国家権力による、ただ一人の人民に対する基本的人権の侵害をも、全人民への弾圧であると見なす。一、国家権力による弾圧に対しては、犠牲者の思想的信条、政治的見解のいかんを問わず、これを救援する。この二大原則に立ちながら今日にいたるまで救援活動を続けてきました。」

長期にわたって刑事人権活動に関わってきた多くの市民や弁護士の無私の努力が、ダブル受賞につながった。関係者すべてに敬意を表したい。

最後に、原稿整理を手伝ってくれた朝鮮大学校法律学科学生（金星姫、禹在秀）に感謝する。

インド洋の軍隊のない国モーリシャスにて

二〇〇七年一月二〇日

前田朗（まえだあきら）
1955年札幌生まれ。中央大学法学部、同大学院法学研究科を経て、東京造形大学教授（専攻：刑事人権論、戦争犯罪論）。日本民主法律家協会理事、在日朝鮮人・人権セミナー事務局長。
著書（単著）
『鏡の中の刑法』（水曜社、1992年）、『平和のための裁判』（水曜社、1994年、増補版2000年）、『戦争犯罪と人権』（明石書店、1998年）、『人権ウオッチング』（凱風社、1998年）、『戦争犯罪論』（青木書店、2000年）、『ジェノサイド論』（青木書店、2002年）、『刑事人権論』（水曜社、2002年）、『民衆法廷の思想』（現代人文社、2003年）、『侵略と抵抗―平和のための戦争犯罪論』（青木書店、2005年）、『市民の平和力を鍛える』（K．I．メディア、2006年）
共編著・訳書
ゲイ・マクドゥーガル『戦時・性暴力を裁く』（編訳、凱風社、1998年、増補版2000年）、ラディカ・クマラスワミ『女性に対する暴力』（編訳、明石書店、2000年）、ICTA編訳『アフガニスタン女性の闘い』（編訳、耕文社、2003年）、RAWA（アフガニスタン女性革命協会）『声なき者の声』（翻訳、耕文社、2004年）、メロディ・チャビス『ミーナ――立ち上がるアフガニスタン女性』（翻訳、耕文社、2005年）、池上洋通・澤野義一・前田朗編『無防備地域宣言で憲法９条のまちをつくる』（共編、自治体研究社、2005年）、『まんが無防備マンが行く！』（監修、同時代社、2006年）

刑事法再入門

2007年３月10日　第１刷発行

著　者　前　田　　朗
発行人　深　田　　卓
装幀者　田　中　　実
発　行　㈱インパクト出版会
東京都文京区本郷2-5-11　服部ビル
Tel03-3818-7576　Fax03-3818-8676
E-mail：impact@jca.apc.org
郵便振替　00110-9-83148

シナノ